「子どもの幸福のための教育」を求めて

宮内藤夫

幻冬舎ルネッサンス新書
263

はじめに――日本の教育の常識は、世界の非常識

なぜ、日本の教育には、教育行政間の格差が大きいのか、少子化が進む一方なのにいじめや不登校が増えるのか、特別な支援を必要とする児童生徒が激増しているのか――私はこれらの問題を現役教師や校長の時代から考え続けてきました。

その一方、目の前の子どもたちへのより効果的な指導や、先生方がより生き生きと子どもたちを指導できるようにするにはどうしたらよいかが喫緊の課題であり、与えられた教育条件に目を向ける余裕はそれほどあったわけではありません。

教育現場から離れた今、教員不足や教員志願者の減少問題が深刻化し、日本の教育の未来、ひいては日本社会の未来が危うい状況になっているなか、「子どもの幸福のための教育」を実現するための教育改革運動が不可欠であることを痛感します。

前後しますが、私は、創価大学教育学部1期生（全学部では6期生）として、1979年に茨城県の小学校の教員に採用されて以来、小学校中学校の教諭として4校24年、教頭として3校7年、校長として2校5年の教員生活を経験しました。

その36年間の教員生活のなかで、一貫して考えてきたことは創価教育学会の創立者牧口常三郎先生の理念である「子どもの幸福のための教育」の実現であります。

冒頭に述べたように、教師は与えられた条件のなかで、精一杯取り組むしかありませんが、与えられた条件自体に「子どもの幸福のための教育」とは、ほど遠い多くの問題があります。「日本の教師たちの教育条件は、教育先進国である欧米諸国と比べて極めて低い」という現実が横たわっているのです。

私はこれまで、組合活動や教頭会・校長会などで、何度も改革改善を呼びかけてきました。問題にしてきたのは、少人数教育や専科教師の配置、部活動の負担、働き方改革、市町村ごとの教育条件の格差、力関係や情実に支配される教育の改革など多岐にわたります。しかし、それらは現場にいる教員や校長が議論してもどうにもならない問題です。

また、残念ながら、日本の教育界には、問題解決の基盤となる教育を成り立たせることを阻む空気が淀んでいます。人事が不透明で権力や情実が介入しやすく、「行政が上で、現場が下」と行政も現場も思っているため、おかしいことを「おかしい」と言えない「長いものには巻かれろ主義」が蔓延《はびこ》っているのです。空気を読みすぎてなにも言わない校長や教師が多く、仲間うちで語る不平不満を公然と語ろうとはしません。正しいか間違っているか、公正か公平かより、自分にとって損か得かを計算して自分の立ち位置を決める人物も少なくありません。

おかしいことを「おかしい」という人が、「おかしい人」扱いされるのが現状です。「出る杭は打たれる」「出る杭は打たれるが、出すぎた杭は打たれない」「出すぎた杭は抜かれる」などと言われたりしますが、「出すぎた杭は干される」のが公務員の世界の現実なのです。

お陰で、私もずいぶんと干されたものでした。言われるだけの最低限の仕事をしながら、改革改善を進めようとしない周囲に業を煮やして改革を呼びかけたりすると、上から干される。よけいなことは言わずに、上の言うことに従順に従うことだけが求められる——上手なやり方があったのかもしれませんが、私にはできませんでした。

このようなことから、私が訴えた改革や改善は一向に進みませんでした。それどころか、今は教員不足や志願者減少などの問題が加わり、「子どもの幸福のための教育」は、さらに遠ざかっているのです。

これからの日本や世界の未来を担う子どもたちに、より充実した教育が受けられるようになってほしいという思いは、教育にかかわる教師や教育行政関係者ばかりでなく、父母や祖父母ら保護者、地域の方々にとっても、切なる願いであるはずです。

しかし、日本の教育の現実は、政治的思惑に支配され、「教育現場の問題が、目先の得票につながりにくい」という単純な理由から、教育改革は政党や政治家の公約に掲げられにくく、政治の都合や首長の恣意《しい》に翻弄されながら、困窮の極みに至ってしまったのです。

そこで、私が強く訴えたいのは「日本の社会が抱える問題の原点は教育にある」ということです。幼児期や青少年期の学校教育、高等教育はもちろんですが、働く世代も専業主婦も、長期の勤続を終えて老年期に入った方も、すべての国民の社会生活の基盤となるものこそ教育にほかなりません。

教育こそが、人間社会の根幹をなすものであり、いかに生きるべきかを考え、自己実現と社会貢献を積み重ねながら、より豊かな生き方を誰もが確立できるようにするための基盤となる教育がなによりも重視される社会にしていく必要があると思うのです。

社会基盤となる教育が充実した社会になれば、自ら学ぶ意欲を獲得した若者や奮い立つような使命感を持った人たちが、いかなる分野のいかなる課題にも果敢に挑戦する勇者となって勢揃いし、日本のみならず今の地球が抱える問題を力強く根こそぎ解決するような力になってくれるのではないでしょうか。

そのような教育原点の大改革をすべての人間の叡智を結集して成し遂げ、世界平和の実現や地球規模で広がる環境問題や食料問題などのあらゆる問題を解決する力になれるよう、宇宙船地球号を支える乗組員として、互いに活躍しあえる社会を実現していきたい。

そんな思いを、できるだけ多くの皆さんと共有したいと願い、この本を上梓させていただきました。

「子どもの幸福のための教育」を求めて

目次

序章　私の教育実践

少人数学級での思い出

私は教員になった当初、茨城県の鹿島町（現鹿嶋市）にあった１２０人程度の小規模小学校に採用されました。主に高学年担当で、一人ひとりに対応したきめ細かいかかわりと教育ができました。

当時は放課後のミニバスケット少年団の担当もしました。全員参加のチームで試合をし、30校中１位となり、県大会に出場したこともありました。この学校で教えたときは、一人ひとりの個性を把握し、丁寧に指導ができましたし、子どもたちのこともよく覚えています。結婚式に呼ばれたり、子育ての相談を受けたり、経営するお店に食べに行ったり、今も多くの教え子とよい関係を続けています。

一方、その後に赴任した大きな学校の、ほぼ40人学級の教え子たちに対しては、勉強を教えるにも一人ひとりには対応しきれませんでした。いじめもトラブルもモグラ叩きのように多発しました。

卒業してからの連絡もありませんし、忙しかったこと以外には、一人ひとりを思い出すこともできません。これらのことからも、より人間的な関係も深めながら、質の高い学びの場を提供するためにも、少人数学級での指導を基本にすべきだと思います。

中堅教師の頃の思い出

今から30年以上前、１９８５年生まれの長男と、１９８８年3月生まれの長女が、旧牛堀町《うしぼりまち》（現潮来《いたこ》市）内の保育園でお世話いただいた頃のことです。

妻は旧潮来町《いたこまち》内の小学校に、私は旧神栖町《かみすまち》（現神栖市）内の中学校に勤めていました。妻は娘を出産後、産休3ヶ月・育休9ヶ月が明けた年度始まりから学校に復帰し、娘は3歳の長男とともに、1歳になった直後から保育園でお世話になりました。

当時は、学校に迷惑がかかると、育休は長くても数ヶ月で学校に復帰しました。法的にも今のように3年までは取れず、1年が限度でした。

夫婦ともに中堅教師となっていましたが、私は小さな小学校から地域でも有名な荒れた中学校に転任し、赴任後3年目32歳にして6学級２２０人の2学年主任を任されました。いちばん問題行動の多い生徒の集まる柔道部の顧問でもあり、それらの対応も多く、帰宅が夜9時以降になることがほとんどでした。

妻は、朝一番の7時30分頃に子どもを保育園に預け、午後6時か7時にならないと迎えに行けず、いつも最後のお迎え。園長さんの自宅に迎えに行くことも少なくありませんでした。当時は、土曜日も午前中は学校があり、土曜日の午後と日曜日の午前中も部活があったので、休めるのは日曜日の午後だけです。

妻に家事の時間をつくるために、子どもたちを部活に連れていき、柔道場の隅で遊ばせていました。今との大きな違いは、市町村によって保育園の受け入れ条件が大きく異なり、潮来町在住では、幼児2人の保育料は9万円を超え、当時手取り15万円前後の給与だった家計を大きく圧迫していました。財政の豊かな神栖市在住なら、一人1万円の保育料で、預けられたのですが、どう考えても、潮来町在住ではもう一人育てることは無理でした。

幸い（？）忙しすぎて、お金を使う時間もなく、なんとかやってこれたと振り返ります。

2019年からの「幼児教育・保育無償化」や、「児童手当」などで、教員の経済状況もかなり改善はしましたが、職場のブラックな状況は今も当時とさほど変わりなく続いています。教員を増やすなどして、なんとか学校現場の指導環境の改善を図ってほしいものです。

21年間、毎週発行し続けた「教職員研修」

私は、1995年度から長年、どの学校でも毎週金曜日にその学校名を冠して行う「教職員研修」を発行し続けました。教務主任2校9年、教頭3校7年、2016年3月に、潮来市立牛堀小学校長を退任するまで、校長2校5年の計21年間、研修資料を先生方全員に配り、終会時に簡単なレクチャーを行ってきました。

保育士、教員、講師、あるいは教授として、幼児、児童生徒および学生の前に立つからには、研修は日々継続すべき、最も重要な教師として欠かすことのできない実践課題だと思います。学び続ける者にしか、教師として子どもたちを教える資格はないと思うからです。その考え方は、管理職はもちろんですが、教員になった者にとっては、共通の認識であるべきだと考えていました。また、ほとんどの日本の教師は、その認識を共有していると思います。

しかし、不適格教師の問題や学校業務のブラックな実情が、新聞をはじめとしたマスメディアに取りあげられるようになってから、教師への信頼と人気は揺らぎはじめ、「教員免許更新制」などの足かせをはめられるようになりました。

今の教員不足や志願者減は、研修への厳しい認識を共有する教師たちが、あれもこれもとやるべきことを増やされながらも、必死に学ぶ時間を確保しようとしてきたにもかかわらず、一部の不届き者ばかりがクローズアップされた結果にほかならないと思います。ほとんどの教師たちの日々の努力を裏切る、一部の教師たちの不適格性ばかりがクローズアップされ、そんな教師ばかりが増えているという印象ばかりが撒き散らされたのです。

そのことへのご理解をいただき、もう一度、教師という職業への尊厳性と信頼を回復させてほしいと願う昨今です。

参考までに、２０１３年４月に、私が校長として赴任して、牛堀小教職員研修の第一号として、挨拶代わりに全教職員に配ったものは以下のようなものでした。

「牛堀小教職員研修No.1」（2013年4月3日）

赴任挨拶でお話ししたとおり、校長室便りも兼ね、毎週「教職員研修」を発行します。研修は、教職に就いている私どもにとっては、必要不可欠なものです。ふだんには研修の間もなく、いつも児童のために忙しく時間を費やしている先生方が、「なんのために」との原点に立ち戻り、これからの教育に必要な視点や論点を思索し、相互に触発し合っていく材料を提供させていただければと考えております。

初回は、「研修」の意義について考えてみたいと思います。

研修とは、研究と修養のこと

研修の機会①：地公法第39条第1項職員には、その勤務能率の発揮および増進のために、研修を受ける機会が与えられなければならない。

研修の機会②：教育公務員特例法第22条第1項教育公務員には、研修を受ける機会が与えられなければならない。

研修の義務：教特法第21条第1項教育公務員は、その職責を遂行するために、絶えず研究と修養に努めなければならない。

研修への協力：地教行法第45条第2項市町村委員会は、都道府県委員会が行う県費負担教職員の研修に協力しなければならない。

研修の様態の種類

ア　職務研修：職務そのものとしての職務命令による研修

イ　義務免研修：勤務に有益なものかを判断したうえでの職務専念義務免除による研修

ウ　自主研修・勤務時間外を利用すべき研修

研修の特例：教員の研修について教特法は二つの特例を設けている。

①教員は、授業に支障のない限り、本属長の承認を受けて、勤務場所を離れて研修を行うことができる。（教特法２２条の２）

②任命権者の定めるところにより、現職のままで、長期にわたる研修を受けることができる。（教特法２２条の３）

このように、教職員の研修は、権利であると同時に義務でもあるということができます。「シビレエイは、自分がしびれているから、ほかの魚をしびれさせることができる」そうです。一人ひとりの児童の健全な成長を促すために、子どもをしびれさせる感化力を高め、より充実した有意義な研修ができるよう、お互いに知恵を出し合っていきましょう。

今、退職した立場で振り返ってみると、これらの教職員研修も、結果的に先生方に負担を強いるものになっていたのではないか、と反省せざるをえません。

それは宿命的なものなのかもしれませんが、現職の校長というのは、先生方に意欲と情熱とやりがいをもって、職務に専念することを日頃から求めてしまう癖があるようです。それが間違いの元であることには、なかなか気がつくことができないものなのです。

校長時代の思い出

茨城県潮来市の小学校の校長として赴任し、張り切っていた頃、創価大学教育学部1期生として「聖教新聞」に取り上げてもらったことがありました。

> 常に体当たりで子どもたちに接してきた宮内さん、現在の学校では全児童約３００人と面談を。勉強や早起きなど、一人ひとりと具体的な挑戦目標を約束した。自身にも早朝のウォーキングと英語学習を課している。その情熱は伝わり、我が子の成長を喜ぶ保護者からの反響も大きい。（「聖教新聞」２０１３年7月10日）

記事にあるとおり、私は子どもたち一人ひとりに、自分で日々の学習や生活の習慣につながる目標を決めるよう促しました。その子どもたちの取り組み状況を、担任と保護者に管理してもらうかたちで、3年間取り組みました。すると、どの学年もいじめなどの問題行動はなくなり、学力が大きく向上するという成果が得られました。

学力が主要4教科合計平均点で、市内の同学年他校と比べて最低だった50名の学年が、2年後には平均点で48点も向上し、市で一番になるという奇跡的な成果をあげたのです。

子どもたちは、自分で決めたことに取り組み、先生や保護者の励ましを受けながら自ら振り返れば、必ず努力する習慣がつく、と確信して取り組んだことでした。

4月に決めた目標を確認しながら全児童と面談し、2月にその成果を確認するかたちでまた全員と面談しました。その取り組みにより、ほぼ全員が、それまでよりよい学習や生活の習慣を身につけていったのです。自分で決めた目標であれば、子どもたちは誰でも、妥協せずに取り組むことができるようになるものです。

その後の人生もそうあってほしいと、子どもたちを思い出す昨今です。

支えてくれた優秀な先生が亡くなられて

私が県内一の大規模校で教務主任のときと、閉校した小規模校で校長のときに、優秀な担任として私を支えてくれた、まだ49歳のきわめて優秀な女性の先生が、２０２１年12月16日に亡くなられました。私の離任式のときに、一粒種の優秀な娘さんが私を讃える送辞を送ってくれるなど、深い縁のある先生でした。

私が校長だった小規模校では、いつも笑顔で生き生きと、驚くほど優秀な指導力を発揮されていた先生でした。管理職に挑戦してみたいとの気持ちがあり、小規模校６校が統合された大規模校に転任すると（茨城県では小中両方の経験がないと、管理職になれない決まりがある）、担任した三十数名の子どもたちにいじめや不登校などのトラブルが続き、同学年の先生方との仕事の調整などで、神経をすり減らすことが多くなり、次第に笑顔が減っていったそうです。

そのあと、管理職を目指して中学校に移動すると、いきなり全学年２学級ずつ６学級の社会課主任として教科指導を任され、責任感の強い彼女は、毎晩深夜までわかりやすく授業をするための準備をしていたそうです。

初めての部活指導でも、子どもたちに軽く見られないよう、厳しめの指導をしたことで、生徒たちの反発にあい、そこでもずいぶんと苦しんだようです。

40代半ばで中学校教師になると、教科担任としても部活顧問としても初めてのことばかりで小学校との違いに戸惑い、悪戦苦闘しながら深夜まで授業準備に取り組み、部活指導でも生徒に反発されるなどして、肉体的にも精神的にも限界を超え、療養休暇を取らざるをえなくなってしまったのです。

　そのあと、地元の小学校に転勤しましたが、中学での挫折が尾を引き、出勤と療休を繰り返し、体調をさらに崩して、お亡くなりになってしまったのです。誰にも弱音をもらさず、限界を超えた肉体的精神的な苦闘の末に、療休を取らざるをえなくなり、回復が果たせなかったわけですが、小学校で成功体験を重ねた先生が、中年になって中学校に移ると、うまくいかずに苦労する話は、茨城県ではよくあることです。

　私も、小規模で落ちついた小学校から荒れた中学校に転任した際には、そのギャップに驚き、散々苦労しました。私の場合は、まだ30代前半だったことや、気迫と風体の怖さとで、荒れた子どもたちもなんとか抑えることができましたが、40半ばの生真面目で細身だった彼女には、すべてが大きすぎるプレッシャーになったようです。

　葬儀に参列した際、彼女が走る姿や指導で活躍していた場面が脳裏を駆け巡りました。残念で仕方がありませんでした。このような悲しい別れをなくすためにも、真面目な教師に負担がかかりすぎる教育現場環境の改革を急ぐべきだと思います。

忘れられない「お別れの言葉」

　２０１６年3月31日の離任式の際、児童代表で5年生のYさんが読みあげ、贈ってくれた

「お別れの言葉」があります。以下のように綴られていました。

お別れの言葉　校長先生へ

校長先生が退職されると聞いたとき、私はとてもがっかりしました。その理由として校長先生は私が卒業するまで、ずっと牛堀小学校にいてくれて、校長先生から卒業証書をもらえることを当たり前のように思っていたからです。

校長先生が、私たちのためにしてくれたことのなかで一番印象に残っているのは、校長先生との面談です。勉強や運動生活面で、がんばっていこうと決めたことを毎日守るのは少し大変なときもありましたけれど、全校朝会の話などから校長先生ご自身も自分の決めたことをきちんと守っていることを知るたびに、校長先生を見習ってがんばろうという気持ちになりました。校長先生がお手本を示してくれたことで決めた目標に向かって努力することができたと思います。

校長先生が退職されても、決めた目標に向かって毎日努力することの大切さは忘れません。そして「牛堀っ子宣言」をもとに、友達や下級生とも力を合わせて、牛堀小学校の全員が、夢に向かってニコニコキラキラ輝くような学校にしたいです。

なにかにくじけそうになったら校長先生が私たちに教えてくださったことや、温かく励ましてくださったことを思い出してがんばります。
３年間という短い間でしたが、本当にありがとうございました。校長先生いつまでもお元気でいてください。またお会いする日を楽しみにしています。さようなら。

読んでくれたYさんは、当時５年生でしたが、２０２３年2月現在、地域では最も優秀な子が通うS高校の３年生になっています。お母さんは、49歳の若さでお亡くなりになってしまった先述の先生です。「お別れの言葉」のなかで、楽しみにしてくれていた「またお会いする日」が、大好きなお母さんのお葬式になってしまったことは、とても残念なことでした。

Y先生と、お母さんの遺志を継いで教員を志願している娘さんのためにも、お母さんのような犠牲者が出ない学校制度を実現するため、「教育の明日を考える会」の活動を通して、教員に過重な負担をかける現状を改め、「子どもの幸福のための教育」が実現するよう、学校制度の改革に向けて全力で挑戦していきたいと、決意を新たにした次第です。

公立幼稚園園長時代の思い出

小学校長を退職してから1年５ヶ月間、公立幼稚園の園長を経験し、幼児期の教育の質を高めることの重要性と、幼児期の教育を丁寧に行うことの効果を強く実感しています。

公立幼稚園長になる前の３年間、同地域の小学校の校長を務め、公立幼稚園から上がる児童と私立保育園からの児童に、社会的適応のスキルや学びに向かう意欲などに、明らかな成長の差が認められていたからです。園長になってほどなく、その差がどこから生まれていたのかが、よく理解できました。

その公立幼稚園では、月水金と週に３回の研修が行われ、年中・年長の２組に分けた年間指導計画と詳しい月案が主任から示されます。担任はそれに基づいて金曜日に次週の週案を示し、月曜日にその進め方を１日目の様子で見直し、さらに水曜日に進行状況を確認し、金曜日に振り返り、次週の見通しを立てる――という基本の研修と、それを補うための幼稚園教育要領を中心にした研修体制が確立していたのです。

園児数も、年長15人年中13人の２クラスで最も理想的な条件でした。

子どもを帰してからの午後２時30分からは、月金は約１時間、水は約30分の研修時間で、残りは授業準備や週案作成などの時間に無駄なく当てられました。火木は、担任も副担任も、週案に基づく授業準備に専念していました。

毎朝15分間の朝礼も、両クラスの今日の活動の確認と、教育要領の読み合わせを行い、無駄のない連携と研修体制が確立されていたのです。主任と担任２名の正規職員は、市役所職員と同等の給与で、園長と副担任は、非常勤の嘱託員として勤める体制でした。そのほかに、預かり保育担当職員も、非常勤として午後2時から出勤し、仕事などで夕方にならないとお迎えに来れない保護者のニーズに対応していました。

このような、驚くほど緻密で計画的な、すべての領域を網羅した学習活動（遊びを通しての学びの活動）に活かす体制が確立されることによって、幼児教育の質は確保できるのです。しかし、多くの学校法人が手がける私立幼稚園や、社会福祉法人が行う保育園や認定こども園では、保護者のニーズに応じた夕方までの預かり保育に対応し、利益を確保することを優先するため、公立と同じような研修や準備の時間を幼稚園教諭や保育士に与えることは難しく、ほとんど保育士任せの園も多くなってしまうのが実情のようです。

残念ながら、そんな質の高い幼児教育が成立していた潮来市の公立幼稚園2園は、保護者の協力を得た存続運動も虚しく、行政の効率優先・教育軽視の方針により、２０１９年前までに廃園させられてしまいました。

政治家の皆さまには、効率優先・教育軽視の地方教育行政が、指導の質や効果を無視した予算削減本位の幼児教育が全国的に広がっていることの問題点にお気づきいただきたいものです。

「教育の明日を考える会」設立の目的

潮来市の小学校長や幼稚園長など38年間の教職経験を終えて、「教育の明日を考える会」を設立しました。

教育基本法が、２００６年に改正され17年になりますが、そこには、大きな問題があります。同法16条で、「地方の実情に応じた教育に関する施策の策定・実施」が謳われ、それが教育格差を生む元になっているからです。都道府県や市町村の予算の実情や首長・議員・職員の資質などの実情が、教職員の教える条件や児童生徒の学ぶ環境に大きな影響をおよぼしています。

機会均等であるはずの教育が、自治体の実情によって大きく左右され、都市と地方、地方相互の教育条件の格差を生む元になっている事実が、あまり問題にされていません。予算のない自治体は、予算がないなりの教育しかできないのでしょうか。市長・議員・教育長・教育委員・担当職員の資質などが低ければ、その資質に任せた教育しか行っていただけないということにもなります。

そこで、予算の出し方や使い方、関係者の資質や問題の扱い方などをチェックする教育オンブズマンの役割を果たす機関が必要になります。これまではどこでも、その役割は行政任せ、議会任せになっていたのです。

それらをチェックし、必要に応じて変革を促す役割を、現場の声を聞きながら進めていきたいと思っています。この教育改革運動を退職後の私の残りの人生をかけた挑戦ととらえ、この会を設立した次第です。

第1章　教育現場の諸問題

いじめ文化の温床とは

1985〜1990年頃、お笑いタレント全盛期で、笑いを取るための悪ふざけテレビ番組が、毎日のように垂れ流されていました。時を同じくして、学級崩壊やいじめ、不登校が都会の規模の大きな学校を中心に全国的に広がり、担任たちはもちろん、対象地域の学校も教育委員会も困り果てていたのです。

無料動画サイトで恐ろしい映像を見つけたと、ある方が1985年放送のテレビ番組の録画を見た感想をフェイスブックで発信していました。あるお笑いコンビが司会を務め、公募とみられる小学生100人が出演して、「好きな遊び」をテーマにアンケート結果を紹介していたのだとか。驚いたのは第3位。なんと「弱いものいじめ」だったのだそうです。子どもらは歓声を上げ、調子に乗った男子がそばの友達を指さして、「俺、こいつをしょっちゅういじめている」と。

いじめに対する当時の、今思えばおぞましい「軽さ」を記憶しているという内容でした。この番組に出演していた子どもたちは、2023年時点で40代半ばから後半の親になっている方も多いはずですが、その映像を今、正視できるでしょうか。中学生が「生き地獄」と書き残して自殺した「葬式ごっこ」事件は、この話の翌年に起こったことでした。

子どもの好きな遊びの第3位がいじめになった背景で、いじめ文化がテレビで花開いていました。悪ふざけでいじめることやいじめられることを仕事にしている芸人がたくさんいて、それを見ている子どもたちが、テレビで行われていることを真似して、遊びの一環としていじめを楽しんでいたのです。

ここでも言えることは、効率主義で詰め込まれた規模の大きな学校ほど、学級崩壊やいじめが起こりやすい環境だったということです。

当時、小規模校勤務だった私は、そんな問題とは無縁でした。しかし、後年勤めた大規模校では、いじめ問題を契機に学級崩壊を起こしたクラスの6年生担任の教師がたびたび休むようになり、教務主任だったことで、途中から担任の代わりをして仕事に忙殺され、胃を壊して入院した経験があります。

やはり、日本の教育の十把一絡げの効率主義も、子どもたちの荒れや教師の目が届きにくいいじめ問題に大きな影響を与えていたと思います。また、いじめを助長するような悪ふざけ文化は、今もメディアやユーチューブなどで垂れ流されており、根強く残っています。

日本特有の、一人の教師に多くの負担を押しつける効率主義と、大人の人権感覚の欠落した笑いを求める感覚とが、子どもたちの心に大きな影を落とし、困難な教育事情を形成してきたことを忘れてはいけないと思います。

日本で、いじめが起こる文化的背景

日本では、集団の支配的傾向に異質な者が、いじめの対象になるといわれます。私は、小学校を5回転校し、よそ者はその異質性から注目されたり、いじめられたりすることをいやというほど体験しました。

教育権が行政権に隷属していて、地方の教育がいつまでもよくならないことへの問題意識が強かった私は、教員になってからも、「それはおかしい」というような発言を校内でも組合活動でも繰り返し、常に厄介者扱いされ、異質な人間と見られてきました。

空気を読む文化が支配的な教員社会では、まずはまわりに合わせることが重視され、与えられた条件を従順に受け入れることが、よい教員としての行動規範になってきたのです。各学校の代表が集まる組合の会議でも、必ず問題提起をしたり、改善提案をしたりする私のような人物は、執行部からも面倒な教員としての烙印を押されていたようです。

このように、問題にすべきことを問題にしないことを繰り返してきたなかで、教員ばかりが多くの負担と責任を背負う日本の教員文化が定着してしまったのだと思います。

いじめ問題など、子どもの世界に起こる問題は、大人社会に起こる差別意識や、面倒なことにはかかわらず、見すごせば誰かがやるだろうと、見て見ぬふりをする無責任さなどが、子どもたちの世界に反映されているものだと思います。

地域社会でも、我関せずの方が多いことをよいことに、行政と議会が馴れ合いを起こしているような現象を批判すると、逆に権力の攻撃の的にされるようなことも経験しました。正しいことを主張しても、「まわりのみんなは問題にせずに追認してくれるのに、なぜ騒ぎ立てるのだ」と攻撃され、いじめの対象にされるのです。

正義が通る、善悪の判断が根拠をもってなされる社会になってほしいと思います。自分の周辺にある問題を考えるとき、「私ぐらいが騒いでも」と諦めたり、空気を読まずに、言うべきことを言おうとする人物を陰でいじめたりする文化から、脱却すべきです。言うべきことを、丁寧に語り合える文化を教員社会に定着させるために、私はこれからも発信し続けていきたいと思います。

不登校が増える原因とは？

私は、不登校が増えてきた原因は、日本の政治が教育を軽視し、一人ひとりの児童生徒を丁寧に扱い大事に育てようとしてこなかったことにあると思っています。40人ギリギリの大人数を一人の教師に預けて、40年間もそのままにして、時代に適合した教育投資を怠ってきた政治の責任だと思います。

教師が担任する児童生徒一人ひとりへの個別のかかわりが丁寧にできる体制を徐々にでも整

えていたなら、不登校もいじめも減らすことができたはずです。

さて、全国で不登校の子どもはどれくらいいるか、ご存じですか？

文部科学省調査によると、全国の不登校の子どもは約24万５０００人にもおよんでいます（欠席が年間30日に満たない不登校傾向の児童生徒はさらに30万人います）。

不登校の原因については、教師との関係や家庭的要因、無気力や勉強嫌いなどケースバイケースですが、私自身の体験や見聞からは、1学級30人以上の多人数学級で不登校が起こりやすくなる傾向が顕著でした。児童生徒数が少なく、教師が一人ひとりに丁寧にかかわることができる20人前後の学級では、不登校は発生しにくいのです。

1クラス50～60人が当たり前だった団塊の世代の頃の教育を引き継ぐように、学校では、子どもたちも大量生産的に1クラス40人ギリギリで運営されてきました。

それが、令和2年まで40年間も続いたのです。欧米など先進国では、20人学級が当たり前になっています。日本の教育は、教師にできるだけ多くの児童生徒を預け、効率優先・教育軽視で行われてきました。団塊の世代以降の少子化傾向にきめ細かく対応してこなかった政治・行政の不作為といっても過言ではないのです。

特別な支援を必要とする児童生徒が増え続けるわけ

今、茨城県では、どこの特別支援学校も定員を超える応募があるようです。小中学校の特別支援学級に在籍する児童も増え続ける一方です。子どもの数は減り続けているというのに、どうしてこんな現象が起こるのでしょうか？

先天的要因の肢体不自由児や発達障害、情緒障害の児童生徒の割合は変わらず、むしろ、少子化により減少しているはずです。増えているのは、後天的要因によるものだと思われます。家族のかかわり不足や、幼児教育施設の経営本意の運営が、学習への興味関心が高まらない児童生徒を増やしているのだと思います。

両親が共働きで、できるだけ長く子どもを預かってほしい保護者が増えるなかで、公的予算で施設はきれいになっても、経営本意のままの認定こども園など、幼児教育施設の保育や教育内容が、行政や教育委員会の充分な指導監督も受けず、計画的意図的な指導が行われていないところが増えているのです。

障害がある児童生徒の特別支援教育を担う教員をどう増やすかについて検討する文部科学省の有識者会議は２０２２年3月15日、すべての新規採用教員が10年目までに2年以上、特別支援学校などでの指導を経験するべきだとする提言案を大筋で取りまとめました。特別支援教育を受ける児童生徒の増加で担い手の育成が急務となるなか、「特定の教員にのみ負わせられる課題ではない」と強調したといいます。

これも大事な取り組みですが、その前に考えるべきことがあると思います。それは、最近の特別支援対象児童生徒が、なぜ増加しているのかという問題です。

近年、対象児童生徒が驚くほど増えています。沖縄県では、10年間で対象児童生徒が10倍に増え、県議会で問題になったそうです。これは全国的な傾向でもあります。

なぜ、予算ばかりを投下して、教育計画や指導内容を管理すべき機関がきちんと管理しないのでしょう。生涯の人格形成の基礎である幼児教育、少年期青年期に発揮される学びに向かう力は、幼児期の教育がいかになされたかで、決まることを知らない方が多すぎるのではないでしょうか。日本を特別支援ばかりに力を入れなければならない国にしないためにも、今こそ、幼児教育に目を向け、それぞれの立場で考え、早く手を打っていただきたいと思います。

なぜ減らない、教師の体罰や不祥事

２０２１年12月16日の「神戸新聞」に、「懲戒免職の元教諭取材に応じ、何度も謝罪」と題された記事が掲載されていました。

兵庫県姫路市立城陽小学校の特別支援学級で差別的な暴言や体罰を繰り返し、懲戒免職された元教諭の男性（当時39歳）は、神戸新聞社の取材に応じて、「精神的にいっぱい、いっぱいだったが、周囲に相談できず抱え込んでしまった」と話し、何度も謝罪したそうです。このような教師の体罰や不祥事は、なぜ減らないのでしょうか。

子どもの虐待と教師の体罰には共通点があります。保護者として子育てで感じるストレスと、教師としての児童生徒にかかわる場面で感じるストレスに共通点があるからです。なんとかしなければならないのに、なんともならないような悩みやストレスを抱えた教師は増え続けており、その一端が、このような体罰や不祥事につながっているのです。気がつくと精神的にも肉体的にも飽和状態になっていて、説明がつかないような問題を起こしてしまうという、パターンなのだと思います。

教師がストレスを感じざるをえないような指導環境や教育環境が放置され、すべての責任が末端の学校や教師個人に転嫁され、その責任を背負いきれなくなった教師が体罰などの衝動的な事件を起こしているのです。

日本の教師に課せられた教育環境や責任の重さや負担は、先進他国とは比べものになりません。一人の教師が預かる児童生徒数が35～40人にもなるような国は日本だけなのです。そこに、ビルド&ビルドで、新しい業務や指導カリキュラムや指示が積み上がっていきます。教師相互に相談や心を交流する時間もなくなっています。

まして、精神的には孤立しながら育ったゲーム世代の教師も増え、誰にも相談できずにストレスを溜め込んでいる場合も多いのです。

不祥事の根絶は、何十年も前から現場の校長や教育委員会に課せられた命題ではありますが、保護者がストレスを溜め込むことなく安心して子育てができる環境づくりや、多くの教師をコントロール不能な精神状態に追い込んでしまう教育環境の改善こそ、優先されるべきなのだと思います。

「#教師のバトン」が炎上したわけ

教員の仕事の魅力を発信しようと、文部科学省が2021年の春、SNS上ではじめた「#教師のバトン」プロジェクトで、2021年10月20日までに、SNSへの投稿が約8万8000アカウントから計約54万件（リツイートを含む）あったことが「朝日新聞」の分析でわかったそうです。

プロジェクトは、教員から仕事のやりがいや内容を発信してもらい、なり手不足の解消にもつなげようと、文科省が同年3月26日にSNSへの投稿の募集をはじめたものですが、狙いとは裏腹に、開始から1ヶ月ほどの間に「月の労働時間が100時間を超えた」「残業代をつけられないなら、本当に業務量減らして」など長時間労働を嘆く投稿が相次ぎ、炎上する事態となったのです。

なぜ、「#教師のバトン」が炎上したのか、その理由は単純なものです。教師が本音で不満を話せる場所や機会が、これまではどこにもなかったからです。教育委員は行政の追認、議員は票にならない教師の声など問題にせず、校長は教育長の言いなりで、行政が上で現場が下の常識が行きわたっている今の教育界では、言いたいことや聞いてほしい不満があっても、その受け皿がどこにもなかっただけなのです。

現場の本音や不満を受け止め、それらに対処しながら教育現場の改革を行えていたなら、今のような不登校やいじめの増加や、教師の不人気による志願者の減少など教育現場の混迷も避けられ、子どもたちの幸福のための教育に近づけていたはずなのです。

「教員の孤立化」が進む教育現場

授業の準備や書類作成、生徒・保護者との対応、休日をつぶしての部活顧問としての日常。業務量がただでさえ多いうえ、相談できる上司や同僚が職場内におらず、メンタルに不調をきたすケースは少なくありません。文部科学省の調査によると、上司に仕事の相談ができる教員は35％にとどまっています。

講師として採用されたあと、1年で退職した知り合いのある男性教員は、「みんな忙しくて相談なんてできない。これ以上続けたら、自分がつぶれてしまうと感じた」と述懐していました。

「つらくて、教員を1年で辞めました。『東北の実家に戻らなければならなくなった』と嘘をつくしかありませんでした。生徒指導で悩みがあっても誰にも相談ができないんです。担当している部活動では、言うことを聞かない子もいて。昔みたく、ヤンキーっていうほどではないんですけど、まわりと違う行動をし、かき乱す子が何人かいるんです。『いい加減にしなさい』と生徒を自分のもとに引き寄せたことがあるんですが、『死ね。死ね。わー、胸ぐらをつかまれた最悪』と言われ。そうした子のためになにができるのか、悩んでしまいました。でも、同僚教員には、『誰しも直面していることだから。キツかったけど、俺らも乗り越えてきたから、君も乗り越えて』という雰囲気が根づいていました」

　彼は関東の大学を卒業し、出身地での教員を目指しました。正規採用の試験は落ちてしまい、臨時採用のかたちで公立中学校の教員になったそうです。

「40人ほどの教員がいました。自分は3年生のクラスで副担任。運動部の副顧問。先生になって2日後です。あれっ、と思いました。研修もなく、すぐ現場に出されました。新人ですよ？『わからなかったら聞いて』と言われたのですが、聞けないんですよ。職員室ではみんな黙々と仕事をしていて、雑談のような会話はいっさい聞こえません。生徒は自分の言うことをなかなか聞いてくれないし、授業の内容はきちんと理解できているのか、と。保護者との対応も、これで大丈夫なのかと不安ばかりでした」

教員の仕事は、「常に１人で孤独だった」と彼は振り返ります。日々の仕事の忙しさについても触れています。

「部活の朝練があるので、朝６時には学校にいました。授業の準備などで夜は10時くらいまで。あと、先輩より先に帰れなかったんですよ。それが暗黙のルールとして根づいていました」

これは特殊な例ではなく、かなり一般的な事例であり、それに耐え切れるか、耐え切れずにリタイアするかの状況になっています。この雰囲気に慣れることができるか否かが、仕事が続くか否かにつながっています。こんなことでよいのでしょうか。よいはずはありません。教師の教育環境の改善は必要不可欠な状況になっているのです。

教諭の９割は「教頭になりたくない」

２０１９年７月に、兵庫県豊岡市で教諭２７８人にアンケートを行ったところ、ほぼ９割の皆さんが「教頭になりたくない」と、答えたそうです。教育現場の労働環境が改善されない限り、重責の管理職を目指す教員が減るのはやむをえないことなのかもしれません。

アンケートは「学校教員のキャリアと生活に関する調査」。ウェブ上で回答する形式で、５月下旬、小学校29校、中学校９校の計38校に依頼し、教諭２７８人（52・２％）から回答を得た。

「将来、管理職になりたいと思うか」との問いに「あまりなりたくない」「絶対になりたくない」と回答したのは２３９人（86％）。理由を尋ねる項目（複数回答）では、現場の魅力を理由にした「担任を持って子どもと接していたい」（１１９人）も多かったが、「労働時間が長い」（89人）や「労働時間が増えると自分の家庭の育児や介護等との両立が難しい」（93人）なども目立った。

　市は、長時間労働による敬遠を理由とする点を問題視する。市によると、昨年の超過勤務時間の１カ月平均は、教諭が46時間23分だった一方、教頭は67時間32分だった。

　市は今後、男女差や要因などを詳細に分析する方針。現在の対応策としては、教頭が担当する「学校日誌」を含む出欠や成績といった情報を一括管理できる「校務支援システム」の導入などで業務の効率化を図っている。

　6月には経済協力開発機構（ＯＥＣＤ）が、日本の小中学校の教員の勤務時間が加盟国・地域などの中で最も長いとする調査結果を発表したことで、改めて教員の長時間労働の問題が注目され、国も改善を急いでいる。（２０１９年7月12日、「ＡＳＵ－ＮＥＴ」）

２０２２年度より、管理職試験の受験希望者が減ったことから、神戸市は管理職試験を行わず、教育委員会や校長からの打診を基に、必要人員を確保することにしたそうです。教員の過重労働問題は、こうした自治体の動向にもはっきりと表れているのです。

2022年度に廃止の「教員免許更新制」、働き方改革とセットで

２０２２年7月に廃止（発展的解消）された教育免許更新制について考えてみたいと思います。多くの問題をはらんだ教員免許更新制でしたが、今後のあり方を考えていく過程で、現場を重視した問題解決の道筋が見えてくる可能性があると思います。この制度の廃止が決定された当時の報道を見てみましょう。以下は２０２２年1月7日付で配信された「東洋経済オンライン」の記事「22年度に廃止へ『教員免許更新制』の気になる行方」からの抜粋です。

教員免許更新制とは、小中高校の教員などを対象に10年ごとの講習を義務づけ、講習を受けなければ教員免許状が失効してしまう制度。定期的に講習を通じて最新の知識技能を身に付けることで教員として必要な資質能力を保つために、２００７年の改正教育職員免許法の成立を経て、09年から実施されている。

30時間以上の免許状更新講習を受講しなければならない（09年3月31日以前に授与さ

れた旧免許状に有効期間はないが、生年月日によって割り振られた期限までに講習を受講しなければならない）。費用の約3万円は自己負担で、休日や夏休みなどを利用して受講する必要があることなどから、不満の声が絶えなかった。

さらに更新期限を忘れて失職する「うっかり失効」が相次いだり、休職中の教員が復帰する足かせになったり、定年間近の教員が更新のタイミングで早期退職したりするなど、学校現場の人手不足に拍車をかける要因にもなっていた。

「まずは働き方改革に取り組んでほしい」「教職員数を増やしてほしい」「現場の声を聞いて真に役に立つ制度にしてほしい」など、早くも現場からは不安の声が聞こえてくる一方で、「教師が学び続けることに異論はない」「余裕ができれば自分で必要な学びに取り組む」といった前向きな声も多い。

独立行政法人教職員支援機構理事長の荒瀬克己氏は、こう話す。「いちばん大きな問題点は、講習が教員免許にひも付けされていたことです。教員免許更新制に関係なく、教員は学び続けなくてはなりません。学習指導要領の冒頭に、『主体的・対話的で深い学びの実現』とありますが、これは児童・生徒だけではなく先生にも当てはまるものです。自分に何が足りないのか、何の力をつけなければならないのか、主体性を持って学んでほしいと考えています」（「東洋経済オンライン」２０２２年１月７日）

教員免許更新制が廃止され、新しい制度に移行しても、新制度が円滑に適用されるためには働き方改革が欠かせません。ともあれ、教員は忙しすぎるのです。いくらよい研修を用意したところで、受講する時間も気力もなければやる意味がありません。

やるべきことは明確です。教員の仕事を減らして、教員の数を増やすことを真剣に考えるべきです。教員が疲弊していては、よい授業などできるはずはないからです。

しかし、学校の働き方改革は、残念ですが一向に進んでいないのです。特効薬は、なんといっても教育予算の確保です。教員の仕事を減らす、教員をサポートできる人を増やす、教員そのものの数を増やす。そのためには教員の仕事に魅力を感じてもらえるよう、働き方改革を徹底して推進することです。

それには、教育予算の確保が、最優先課題になるのです。日本の教育は、先進他国に比べると、一人の教師にできるだけ多くの児童生徒を預け、効率優先で行われてきました。そのために、いじめや不登校も増え続け、特別な支援を必要とする児童生徒も増える一方なのです。

政府が、子ども家庭庁の新設をはじめ、ＯＥＣＤ加盟国最低レベルの教育予算を、ＧＤＰ比５％以上に押しあげ、子どもたちにしわ寄せがいく今の教育体制を改め、どこまでも子どもの幸福に焦点を当てて、丁寧に児童生徒にかかわることができる教育を実現してほしいものです。

「負担が多かった」教員免許更新制の廃止

２０２２年4月6日の「神奈川新聞」に、次のような見出しで記事が掲載されていました。

「経済的、時間的負担が多かった。教員免許更新制を廃止する改正法案を審議した6日の衆院文部科学委員会で、末松信介文科相（当時）が同制度について本音を漏らす場面があった」という内容です。

受講者は休みを使って、自費で3万円以上の経済的負担と往復の交通費を使い、とてもためになるとは思えない講習を受けさせられたうえ、10年研修を誤って受講できず、しかたなく退職した先生も出たのです。また、免許更新をしなかったことで免許保有者が減り、欠員を補充する教員も減り、教育現場にとっては踏んだり蹴ったりの制度でした。

教員の資質向上と不適格教員の炙《あぶ》り出しを目的に行われた制度でしたが、結果的には、現場の教師たちを苦しめる役割しか果たすことのない最悪のものだったのです。

予算を使わずに、教員を締めつけて、教員の資質を向上させ、不適格教員を出さないようにしようという、教育現場の現実を知らない「中央教育審議会（中教審）」のお偉い学者先生方の発想に頼った文科省に責任があるのですが、その責任が問われる頃には、関係者は入れ替わり、制度の成立経緯を誰も知らない話になってしまうのです。

このような問題が起きないようにするためにも、現場の声を重視した現場からの教育改革が必要不可欠なのだと思います。

臨時的任用（非正規雇用）の問題点

あるベテラン地方議会議員さんが、「現職で勤めている教員の皆さんは議員に労働問題を相談しづらいようで、相談を受けることはない」と言っていました。

「稀に告発を受けることはありますが、それはすでに辞めて、もう戻る気がない人です。失うものがある人は、相談できないものです」とも。

私も退職後に、非正規雇用の臨時的任用職員として、公立幼稚園の園長になりましたが、失うものはない立場なので、なったと同時に廃園計画があることを知り、教育の本質を軽視した行政の方針や議会の対応の問題点を指摘し、廃園計画に異議を唱えたことで、途中退職せざるをえなくなりました。

非正規公務員は、２０２０年から「会計年度任用職員」という名称に変わりましたが、それ以前と比べると、期末手当が出るようになったことだけはプラスだったようです。

実際に自治体の財政支出は増えているそうですが、将来への保証はなく、労働環境もよくありません。そして、困っていることや負担になっていることもオープンにできない状況が重なり、教育現場では、欠員も補充できないような困難な状況に陥っています。

また、担当部所や行政側の管理職は、行政の方針や課題への意見や要望を受けとめる度量を併せ持っていない方が多いことも問題です。行政効率化の観点からも、たった一人の臨時的任用職員の意見くらいで、これまで進めてきたことを振り出しに戻すわけにはいかず、「よけいなことを言うなら辞めてください」ということになってしまうのです。

非正規雇用職員の雇用条件は不安定です。そのため、近年の学校現場では、59歳まで受験ができて受ければ誰でも受かる教員採用試験を受験して正規採用になる職員が増え、教員免許を持った臨時的任用職員を希望する職員自体が減っているのです。

免許更新制で免許を失効し、臨時的任用を諦める免許保有者が増えたことも事態の悪化に追い打ちをかけています。

教員を増やして25人学級や専科体制が充実し、一人ひとりの教員の業務が軽減されることになれば、教員志願者も増え、働き方改革も実現すると思います。

地域間格差のある女子の大学進学率

「令和の教育格差、残る地域・性別ギャップ」との「信濃毎日新聞」の2023年3月8日のネット記事に目が留まりました。18歳女子10人のうち4年制大学に行くのは、東京なら7人なのに、鹿児島では3人しかいないと言うのです。文科省の2021年春のデータを都道府県別に試算すると、こうした結果になったそうです。この格差を放置したままでよいのでしょうか。

また、女子の4大進学率が男子を上回ったのは徳島と沖縄のみだったそうです。令和になっても、性別や暮らす場所による進学格差が浮き彫りになったままなのです。家賃や生活費の高い都会に大学が集中し、親によほどの経済力がなければ、諦めて地方の大学に行くか、進学を諦めるしかないということです。

もちろん、4大に進むことだけがすべてだとは思いませんが、学びたい女性が十分に学べるようになれば、それぞれの人生はもっと豊かになるのではないでしょうか。この現実の格差にも、なんらかの手立てを講じる必要があると思います。

「1年に100人中退」の西成高校の改革

2022年3月22日の「朝日新聞デジタル」に、大阪府立西成高校の実践事例の記事が紹介されていました。

「頑張らないのは生徒の自己責任ですか？」。同校ではこんな疑問を出発点にさまざまな取り組みを掲げ、大きな変化を成し遂げたそうです。

年１００人弱が中退し、荒れていた学校は今、生徒の学校満足度94％、就職内定率１００％を誇る。「生まれ変わった」理由とは――。

９日の卒業式では、３年生１６５人が巣立った。子育てをしながら卒業をつかんだ生徒が担任と抱き合い、不登校だった生徒が大学合格を先生に伝える――。笑顔と涙があふれていた。式辞で山田勝治校長（65）は、こう話した。「昨年は１６２人。わずかですが、毎年卒業生が増えています。『全ての若者に共通の教育を』という精神のもとで、着実な進化を感じています」。

20年ほど前は、いわゆる「荒れた学校」だった。生徒は授業中に廊下に座り込み、スウェット姿で登校する子もいた。隠れて喫煙する生徒も少なくなく、１年間に２回、新聞に載る非行が起きたこともあった。

改革に取り組んだのが、山田さんだ。２００５年、教頭として同校に着任した。

当時、生徒の家庭環境を調べると、４分の１の生徒が自宅に勉強机がなかった。ひとり親家庭が７割を占めるクラスもあった。山田さんは考えた。

「頑張らないのは、生徒の自己責任なのか」家族の病気、虐待、いじめ――。自分のせいではなく、学びの機会が奪われてきた生徒たちがいた。

「格差の連鎖を断つ」。これを学校のミッションに掲げ、「反貧困学習」を始めた。扱う内容は、シングルマザーの支援制度や、不当解雇との闘い方など。生徒は自身の生活を重ね合わせながら、社会保障制度や労働者の権利を学ぶ。家庭訪問にも力を入れ、多い年では年間６００件実施した。社会的に養護が必要な生徒を支援につなぐため、行政との連携にも力を入れてきた。「西成高校には、区役所の分室がある」。連携の深さから、こんな風に言われるようになった。

授業では、１年次に中学の国語・数学・英語を基礎から学び直す「モジュール授業」を行う。集中力が続くよう、１コマ30分。２年次からは、多様な選択科目から、進路や興味に合った授業を選んで学ぶ。

同校が実施する調査では、「西成高校に入学して良かった」と答える生徒が、３年連続で90%を超える。就職内定率は、11年連続で１００%を達成した。

（２０２２年３月22日「朝日新聞デジタル」）

輪切りにされ、学び直しが必要な生徒ばかりが集まり、勉強嫌いを自慢し合うような生徒たちでも、わからないところから真剣に教えてくれる先生方がいれば、学ぶ意欲を持続させることができるのです。やはり子どもにとって最大の教育環境は、教師自身なのですね。

ビジョンのある継続的な情熱で、明確な手立てを講じた山田校長の一念が成し遂げた勝利の実証だと言えるでしょう。これこそ、本物の教育実践だと思います。

第2章　教員が足りない！

学校現場は疲弊し、崩壊しかけている

産休・育休・療休などの欠員が補充できず、学校自体の機能が維持できないような学校が増えています。理由は、補充の非常勤講師がいくら探しても見つからないことにあります。主に採用試験の倍率が低下し、次の採用試験待ちの講師がほとんどいないことと、教員免許更新制により、免許を失効してしまった免許保持者が増えたことにあります。

こういった実態が、コロナ報道などの陰で問題にもされず、得票にもつながらない話題なので、選挙の争点にもされないまま放置されているのです。

教頭や教務主任が担任になるなどしてカバーしていますが、激務に耐えられず、その教頭や教務主任が療休になるなどの事態も発生しています。

どうにかしないと、崩壊した学校の話題が新聞紙面を賑わす事態につながることは、間違いないと思います。

私の地元茨城県でも、教職員の欠員補充が困難なことは例外ではありません。

２０２１年12月には、茨城県東部の鹿行《ろっこう》教育事務所管内69校の小中学校から研修センターや茨城大学への「内地留学」研修生を補充する非常勤講師が見つからないため、教務主任や加配職員を担任としてしのいでいる学校が６校もあったのです（内地留学とは、各教科や教育相談などの分野の専門的な力量を備えた人材を育成するために、研修センターや教員養成系大学な

どで、学校を離れて3～6ヶ月の研修を行う制度）。

そのため、「教育の明日を考える会」では、この年の年末の会議で、県会議員や関係機関に問題解決のための働きかけを強めていこうということになりました。

これに先立つ11月28日の日曜議会では、文教警察委員会委員長である田口伸一県議会議員（現鹿嶋市長）に、全県的に欠員補充が深刻になっている問題を質問していただきました。しかし、教育長の答弁は、現場の厳しい実態に対処して改善の方向性を示すようなものではなく、実情を隠ぺいするような非常に歯切れの悪いものでした。

そこで、研修センターの管理職員を通じて、所長に以下の要請をしました。

「内地留学に臨んでいる研修生の皆さんも、自分の担任する児童生徒が、代替の非常勤講師も見つからず、気が気でないような状況で研修期間を過ごしています。また、このような実情に対して、県の教育長に所長さんとして、明確な予算措置と改善要請をしていただくべきだと思います」

内地留学に限らず、産休や育休および療養休暇の補充職員が見つからず、校長や教頭が必死になって、心当たりの退職した教員などに代替教員を依頼しても快い返事がもらえず、苦肉の策で教務主任が担任代わりをするような学校が増えており、それらの実態を、県知事や県教育長が仕方のないことのようにしか受け止めていないとしたら大問題です。

県の責任によって運営されている小中学校や高校で、欠員補充ができない学校が３割以上におよんでいる実態を見過ごしたままでよいのでしょうか。

各都道府県議会議員や地方議会議員の皆さまは、ぜひご自分の地域の学校の欠員状況を調査し、改善を働きかけていただきたいと思います。

また、「教育の明日を考える会」が県議会議員や研修センターに改善要請をしたことを、私がフェイスブックで発信したところ、その内容に呼応して、以前に同じ職場で働いた現役の教務主任さんから、以下のような返信がありました。

「本校も明日から手術療休になる職員がいますが、代わりはいません。学校長、教頭がいろいろと声かけしました。しかし、すでに非常勤になっていたり、別の道で活躍していたり、そして免許更新してなかったりの方ばかりでした。つまり退職した方々しか欠員補充の声かけができないということです。制度が整っていても人がそもそもいないということです。これまで教員経験がないが、教員免許を持っている人を見つけることも不可能です。今回の本校のように突然の場合はさらに補充は厳しくなっています。結果本校では、非常勤で勤務している先生と教務主任、場合によって教頭でカバーしていくことになります。最大の不安は、それが自閉症・情緒障害学級ということです。寄り添ったかかわりが必要ですので、どのような変化を見せるか心配です。幸い、人懐っこい子たちなので大丈夫かとは思いますが、人員の確保は困難をきわめていますね」との内容でした。

これらの声や全国的に広がっている現状が真剣に取り上げられ、国会でも教育現場の実情を改善するための白熱した議論が広がることを祈るばかりです。

孤立・多忙化でメンタルに不調をきたす教師が増えている

今の教員は、一人ひとりが背負っているものが多すぎて、自分が抱えている困難や悩みをさらに忙しそうな先輩や同僚には相談できず、孤立し多忙化するばかりで、心に余裕のない教師が増える一方です。

政治が、動いてくれないと、教育現場のこれらの実情は、どうにも変化しないのです。政治家の皆さんが、票になるかならないかだけで、政策を考える習慣から抜け出していかないと「子どもの幸福のための教育」は、いつまでも実現できず、公的扶助が必要な難しい課題を抱えた青年ばかりを増やす結果を招くことになると思います。

一人ひとりを、余裕を持って丁寧に指導できる教育体制を整えない限り、日本の教育はますます疲弊していきます。その岐路に立っていることに、多くの政治家や国民の皆さまにも目を向けていただきたいと思います。

公立小中の教員補充、年度の後半ほど難しく、非常勤講師で数合わせ

公立小中学校で産休・育休や退職などによって正規教員が欠けた場合、基本的には同じフルタイム勤務で有期雇用の臨時的任用教員（臨時教員）を起用して穴を埋めていますが、補充できないケースが増えています。しかも、欠員の補充は年度の後半ほど難しく深刻化しているのです。２０２１年９月６日の「毎日新聞」に以下のような記事が掲載されていました。

> 慶応大の佐久間亜紀教授（教育学・教職論）らが、特定の自治体を対象とした調査に基づき、こんな研究結果を発表した。臨時教員の候補者不足が原因で、佐久間教授は「全国で同じことが起きているはずだ」と指摘する。
>
> 調査は５００校程度の公立小中学校を抱える県を対象に実施した。①臨時教員が補充できなかった人数、②それを非常勤講師で埋めた人数、③非常勤講師も補充できずに「未配置」となっていた人数――について、２０１９年度の５月１日と９月１日、１月８日の三つの時点で比較した。
>
> 臨時教員が補充できなかった人数は、5月＝83人▽9月＝１４２人▽1月＝２１８人と年度の後半ほど増えていた。非常勤講師を配置したことで、「未配置」は、5月＝43人▽9月＝89人▽1月＝61人となった。臨時教員が見つからず、苦肉の策として60代以上

が中心の非常勤講師を起用し、数合わせをしている実態が浮き彫りとなった。

臨時教員が見つからない背景には、候補者不足がある。臨時教員の「供給源」は主に、教員免許は取得しているものの採用試験に合格していない人だ。しかし、年度当初の時点で既に多くの臨時教員を現場に配置していることに加え、採用試験の倍率低下で不合格となる人が減っていることなどが候補者不足の原因となっていた。

佐久間教授は「非常勤講師を補充すれば、表向きは教員数が足りているように見えるが、フルタイムの教員と同じ職務や責任を担うわけではないため、完全に穴を埋めたことにはならない。他の教員の負担が増えることは間違いなく、一部の授業が自習になるなど教育活動にしわ寄せが及んでいる恐れもある」と指摘する。その上で「教員不足に関しては、年度当初の担任の未配置が大きな問題として扱われているが、年度の後半に問題が深刻化することも考慮し、対策を考えていく必要がある」と話している。

（２０２１年９月６日「毎日新聞」）

この記事が指摘しているように、茨城県においても欠員の状態は深刻です。私は８年前まで現職でしたが、その頃から産休育休療休など後補充の非常勤講師が見つからず、教務主任や教頭による担任の兼務などが起こるようになっていました。最近は大量退職時代が続き、採用数が増えたのに希望者が減り、教員免許を保有しながら採用試験に合格できず非常勤講師を続けている教員志願者が極端に減っているのです。これは、最近の学校に起こっている校長や先生方を困らせる大きな問題なのですが、あまり大きく取り上げられることはありません。

ＰＴＡ役員や保護者は、学校からの通知を見て、たまたま起こった特別な状況と思うようですが、これは多くの地域で頻発している問題なのです。現場は行政の立場を考え、社会問題として取り上げることができず、行政はこれらの状況が表に出ないように立ち回るので、マスコミにもあまり取り上げられないのです。

困ったときには、困ったと言えたり、助けてと言えたりする学校にならないと、教師不足はいつまで経っても改善しないと思います。

「教科担任制」導入に、教員950人増員で足りるわけがない

２０２２年度から小学校高学年ではじまる「教科担任制」について、教員９５０人の増員を決めたことを、末松信介文部科学大臣（当時）が会見で明らかにしました。

> 文部科学省と財務省の折衝で決定し、文部科学省の末松信介大臣が発表した。４年間で３８００人程度の定数改善を見込んでいる。

小学校高学年における教科担任制については、中教審が２０２２年度をめどに本格導入が必要と答申。これを踏まえ、文部科学省の検討会議が２０２１年7月、「義務教育9年間を見通した教科担任制の在り方について（報告）」を公表した。

各地域・学校の実情に応じた取り組みが可能となるような定数措置により、専科指導の充実を図ることを中心に考えるべきとし、優先的に専科指導の対象とする教科に「外国語」「理科」「算数」「体育」をあげている。

文部科学省の末松信介大臣は２０２１年12月22日、２０２２年度予算について財務省の鈴木俊一大臣と折衝を行い、教科担任制にとりくむことで了承を得たことを明らかにした。

中学校の生徒指導体制の強化、学校の働き方改革などを含めると、１０３０人の増員となる。教科担任制は４年かけて推進したい考えで、４年間の改善総数は３８００人程度を見込んでいる。

末松大臣は、「専門性の高い教科指導を通じて、教育のさらなる質の向上を図るとともに、学校における働き方改革を実現するため、小学校における教科担任制を推進していくことが重要」と教科担任制の意義を強調。

「子どもは国の宝であり、教育は国の礎である。厳しい財政事情のなかではあるが、わが国の未来を担う子どもたちへ大胆に投資をすることはきわめて重要。子どもたちひとりひとりの可能性を最大限伸ばす教育を実現していくため、教育予算の確保を含め引き続き、全力で取り組んでまいりたい」と述べた。（２０２１年12月22日「教育新聞」）

記事末尾の言葉を文科大臣が言い切ったことは素晴らしいと思いますが、文科省が大胆な投資を計画しても、財務省が大胆に削ることとの繰り返しではなにひとつ前に進みません。

２０２２年度の概算要求では、文部科学省は小学校高学年における教科担任制の推進について２０００人、４年間で８８００人の定数改善を要求していたのです。

今回、財務省との折衝のなか、小規模校における中学校教員の活用、中規模・大規模校の小学校内における授業交換などにより、９５０人増で折り合ったそうですが、全国には、約３０４００校の小中学校があります。そこに、９５０人を当てがわれても、30校に１人の割合でしか、配置されない計算にしかなりません。

要求は半減させられたことにより、大臣の言う「大胆な投資」には、遠くおよばない現実なのです。日本という国は、経済優先、高齢者優先で、教育は最小限であと回しの国なのです。フィンランドなどの教育先進国に学んでほしいものです。

「次は誰が倒れるか」とまで言われた教員不足による過重労働

文科省の調べで、産休や育休などで欠けた教員を埋められない「教員不足」が全国の公立学校で約2500人いたことが明らかになりました。残業が慢性化している公立校では、1人欠けても教師陣への負担は大きく、学びの場を維持するための苦心が続いています。この現状を「毎日新聞」は、以下のように指摘しています。

神奈川県西部の公立中学校では、生徒の転入に伴いクラス数が増えたことで今年度初めに2人の欠員が生じた。特別支援学級の担当教員が足りなくなり、授業の人繰りが苦しくなった。だが、この中学校がある自治体の教育委員会は「臨時教員」（講師）への登録者が少なく、欠員が補充されるまで半年もかかった。男性校長は「産休や病欠などイレギュラーな欠員が出ても対応できない。文科省を中心に教員人事の改革について議論すべきだ」と訴える。

「子どもたちを巻き込んでいいのか」。千葉県内の公立中学校に勤務する50代の男性教諭はやるせなさをにじませた。勤務先では昨年の秋から約3カ月間、欠員が1人出た。他教科を担当する教員を含め、数人がかりで授業を受け持って対応した。だが、穴埋めに入ったことで、高校受験が迫り調査書の準備などで忙しい3年生の担任が、長い残業をしないと乗り切れない状態になってしまった。保護者に窮状を明かし、授業の一部を自習にしようと話し合っていたさなかに代役の教員が見つかった。

「管理職を責めるつもりはない」。校長自らが欠員を補充するため、かつての教え子にまで連絡を取り教員免許の保有者を探している姿を見たからだ。だが、生徒にしわ寄せがいく学校現場の現状には疑問を感じる。「親の手前、授業が維持できているという体裁をとらねばならない。学校は困る自分たちの首を絞めている」

（２０２２年1月31日「毎日新聞」）

こんな状況なので、先生たちもどこに怒りをぶつければよいかわからなくなるなか、諦めの境地で、教育委員会から矢継ぎ早に出される新教育課程やギガスクールやプログラミング学習などの難しい課題にも向き合わざるをえないのです。

これらの事例に顕著なように、教員不足による過重労働で、「次は誰が倒れるか」を心配しなければならないようでは、先が思いやられるばかりです。

教員不足の深刻実態と行政の隠蔽体質に思う

「全国の公立学校１８９７校で、２５５８人もの教員が不足している」という調査結果が、２０２２年1月31日に文部科学省から公表されました（「『教師不足』に関する実態調査」）。

２０２１年の４月時点の調査結果ですが、教員の不足数は年度途中からさらに増え、年度始めよりもさらに深刻な状況に陥っている現場が多くなっています。

学校には、学校規模に応じて配置できる教員の数が決まっています。茨城県でも、学校規模が大きな学校では、生徒指導加配や小人数加配など、学級担任以外に配置できる教員の数が決まっていますが、それらの本来配置できる教員が不足して配置できない状態が、最近は常態化しているのです。

欠員が補充できず、配置すべき「先生が足りない」と、数年前から学校現場からも頻繁に声が上がっていたのです。国が調査したのは、このときが初めてですが、公表されたことによって、マスメディアに加え、ツイッターなどのＳＮＳでもこのニュースが話題に上り、さまざまなコメントが飛び交うようになりました。

担任の先生が産休や療休などで休職し、その代わりの先生（講師）を学校、教育委員会が必死になって探しても見つからず、教務主任や教頭が担任を代行している学校が私の近隣の学校にも多発しています。こうしたことが起きている学校は、全国的にも広がっているのが現状ですが、そのことがなかなか明らかにならない理由があるのです。

それは、各自治体が、実態をオープンにしようとしないことにあります。少なくとも各自治体（都道府県、政令市など）は、各地の教員不足の実情（年度後半の状況も含めて）や、非正規雇用への依存の状況などを、詳細を明らかにして公表すべきだと思います。今回は文科省が重い腰を上げて調査に乗り出したことで、実態の一部が浮かび上がってきただけなのです。

採用・配置を担当する自治体が教員不足の問題をいちばんよく認知しているはずですが、これまではこれらの情報をオープンにしてこなかったのです。

私の住む茨城県でも同様でした。文教警察委員長を務める県会議員に依頼し、県議会で欠員の実情と対策について県教育長に質問してもらいましたが、これに対する県教育長の答弁は、困っている実態を明らかにするものではなく、「なんとかなっています」という実態からは掛け離れたものでした。このようないわば〝隠蔽的な体質〟により、問題が可視化されず共有されないなかでは、さまざまな立場の人からの知恵は出てこないし、協力も引き出せません。財政当局から予算を引き出すことも難しいことになります。

日本における教育の現状に危機感を抱いている方には、各自治体の情報公開と施策にぜひ注目していただきたいと思います。

新学期がスタートしても、教員不足は深刻

　２０２３年４月、新学期がスタートしても、子どもたちを指導する教員の数は足りているのかという疑問が拭えませんでした。２０２１年１月31日に公表された文科省調査では、把握できない教員不足は、かなりの数におよんでいます。

「昨年度、うちの学校では、検査入院のために４月途中から短期予定の療養休暇を取った人がいました。ところが、検査の結果、重病で長期の休暇が必要となったのです。当初の予定は短期の休暇でしたから、５月１日時点では、〝いる〟ことになっていたのです。時間講師（非常勤）が、２学期から来たんですが、それまでは教務主任が時間をやり繰りしながら、そのクラスの授業をしている状態でした」

　同僚だった茨城県の公立小学校の教員は、こう語っていました。つまり、この教員は統計上「学校にいた」ことになっていても、実際は病気で長期の療休に入っていたのです。

　文科省が同省としては初めてとなる「『教師不足』に関する実態調査」を２０２２年１月に発表しましたが、２０２１年度５月１日時点におけるすべての小中学校での教員の不足人数は１７０１人となっています。

　このような「幽霊教員」も多く、不足人数の実態は、年度後半ほどひどくなっています。１年ももたないで辞める初任者も少なくないし、年度途中で病気の長期休みから退職してしまう

教員も珍しくないのです。その辞める日が、たまたま5月1日を過ぎていれば、文科省調査で「教員不足」に勘定されないことになります。

新学期がはじまってたったの1ヶ月足らずにもかかわらず、１７０１人も教員が不足しているのも尋常ではありませんが、不足の人数がそれだけに留まっていないという現実が、大きな問題にならないことこそ問題だと思います。ある中学校の教員は言っています。

「産休育休ばかりでなく、体調を崩して休む教員も多いのが現実です。新型コロナウイルス感染症の影響で休む教員も増えています。教員不足は常態化しています」

そして、その抜けた分を補える教員が見つからないのが現実で、学校は、年中、教員不足の状態なのです。

辞めた教員、休んでいる教員の〝穴〟は、ほかの教員の負担としてのしかかります。ただでさえ多忙をきわめているのに、さらに負担が増えるのです。それが体調不良につながり、休職や退職につながり、まさに悪循環が続いていくのです。そんな現状に接したら、初任で早々に身を引きたくなっても無理はありません。教員志望者が減るのも当然のことなのかもしれません。そうした現状が、前述の文科省調査では把握されていません。

文科省や各自治体、各教育委員会が根本的な教員不足の解消に取り組まない限り、２０２３年度の新学期がスタートしても、学校現場は教員不足に怯え続けなければならないのです。なぜ、国会議員は、この実態を問題にしようとしてくれないのでしょうか。なぜ、マスコミも大きな問題として、取り上げてくれないのでしょうか。

日本中の学校が、こんな状態になっていて、希望に胸を膨らませて新学期を迎える子どもたちや保護者の期待に応えることができるのでしょうか。

「教育職員免許法の一部を改正する法律」は成立したが

改正法が成立し、令和の日本型教育とか、教師の新たな学びとかいわれていますが、令和の日本型教育は、ブラック雇用の実態が知れわたって教職を志願する若者が減り、欠員が出れば教師の補充すらできないような惨憺たるものになってしまいました。

百害あって一利なしの天下の悪法「教員免許更新制」は、やっと廃止されましたが、またぞろ、それに代わる新たな学びとして、「研修記録簿の作成」という新たな業務を加算させようとしています。不適格教員が出ると、現場を知らない学者や政治家が教育条件の改革もないなかで、教師にストレスを掛け続けてきたことへの反省もなしに、これもやらせよう、あれもやらせようと、いくつもの足かせをはめ続けてきたことが、今の教育の荒廃を招いたことに気づいてほしいものです。

令和の日本型教育とは、そんな教育でよいはずはないのですから。

教員不足解消にやっと見えはじめた道筋

「朝日新聞」（２０２２年5月10日）の記事によると、必要な数の教員が学校に配置されない問題をめぐり、大学教授らのグループが9日、文部科学省で会見し、教職員らを対象に今年度の不足状況を尋ねたインターネット調査の結果を公表したそうです。公立校の回答者の約４割が「不足している」とし、３人以上足りないという回答もあったとされています。

私も、後輩の校長や教員たちに聞いていますが、これらの状況はこの記事以前から表れており、茨城県の県東地区では69校（２０２３年現在64校）に対して、２～３年前までは年度初めの欠員が１００名以上の状態で新年度をスタートさせていました。

少人数加配や生徒指導加配などで、とりあえず、担任だけは揃った状態でスタートしているので、保護者や世間一般には気づかれずにやりくりしていたのですが、本来予算がついて、配置されるべき教員が配置されずにスタートしており、その状態は２０２３年も同様なのです。２０２２年度は多少改善し、二桁に収まったそうですが、どこの学校でも、最低１人以上の欠員が生じていることになります。

私は、２ヶ月に一度開かれる「教育の明日を考える会」で、数回にわたってこの問題を取り上げ、教員や保護者や議員の参加者と話し合い、なんとかすべきだということになり、県会議員や国会議員に働きかけ、茨城県議会では2度も取り上げてもらっています。

この記事にあるようにやっと、全国的な問題として、取り上げられるようになってきましたが、改善の道筋をつけていくには、まだまだ時間がかかるようです。

さらに多くの皆さまに問題意識を共有していただき、特に、政治家の皆さまはこれまでは教育現場の問題は、票にならなかったから取り上げていただけなかったのかもしれませんが、これほど世間にも理解され問題にされるようになれば、得票も見込める政策になると思いますので、ぜひとも政策にも盛り込んで改善改革を呼びかけていただきたいと思います。

政府および文科省が根本的な改善策を提示し、財務省に邪魔されずに、予算案が通るよう政治家の皆さまの活躍に期待したいものです。

茨城県の教員不足、全国ワースト3位

私はここ数年、茨城県の教員不足問題に取り組んできました。以下、問題意識を共有していただける方の参考にしていただければと思います。

２０２１年2月1日、ＮＨＫ水戸放送局は、前述した全国の教員不足の実態調査結果をもとに茨城県の実態を報道しました。茨城県の実情は非常に厳しく、総合すると、福岡県と千葉県に次いでワースト3位の実情でした。私が把握しきれなかった数字についても詳しく報じていますのでご参照ください。この状態はここ数年続いています。

学校現場で「教員不足」が課題になっているとして、文部科学省が初めて全国調査をしたところ、全国の公立小中学校ではおよそ１７００人の教員が不足し、茨城県でも１００人以上、教員が足りていない実態が明らかになりました。調査は、文部科学省が全国の都道府県や政令指定都市などの教育委員会に対し、初めて行いました。

それによりますと、去年5月の時点で教育委員会の計画に対し不足している教員の数は、全国では小学校で９７９人、中学校で７２２人と合わせて１７０１人に上っています。このうち茨城県では、小学校で58人、中学校で55人、合わせて１１３人の教員が不足していて、福岡県の１２８人、千葉県の１２４人に続き全国で３番目に教員が足りなくなっています。また、全国では小学校の４・２％、中学校の６％で教員が不足していますが、県内では小学校の12・1％、中学校の24％で教員が不足していて、全国平均を大きく上回っています。（２０２1年2月1日「ＮＨＫ水戸放送局」）

問題にすべきことが問題にならずにきたことこそが、問題なのではないでしょうか。本県だけで対処できる問題ではありませんが、茨城県教育委員会は、この窮状をありのままに明らかにし、国にも速やかな教員養成制度の改善や予算措置を要請したり、県独自でできることにも取り組んでいただくべきだと思います。

茨城県教育委員会義務教育課によりますと、教員が足りずに教頭などの管理職が授業を行っている学校もあるということで、「採用試験の日程をほかの自治体とずらして併願を可能にする、県外にも試験会場を設けるなど採用試験の見直しを進め、教員を積極的に採用していきたい」と話していますが、この程度の対策で、事足りるような状況ではないと思います。早急な対策と手立てが急務だと思います。

教員不足解消に関する県議会への働きかけ

文部科学省の「『教師不足』に関する実態調査」が公表された２０２２年1月31日以前から、私は県議会への働きかけを行ってきました。２０２１年11月28日、茨城県議会第４回定例会が開かれた際には、鹿嶋市選出の田口伸一県議会議員（現鹿嶋市長）の一般質問に、「教育の明日を考える会」でまとめた要請として「小中学校における教員の欠員の実情と対策」を加えていただきました。担任の教員が妊娠して休みに入ったが、後補充の講師が見つからず、教頭（副校長）や教務主任が担任代わりを務めなければならないため限界に達して、働き方改革どころではないという学校が増えているのです。

「この問題は、非常に重要な全国的な問題でもあるので、茨城県でもぜひ取り上げてもらいたい」と、田口県会議員の事務所にお伺いしてお願いしたところ、質問していただけることになったものです。

２０２１年11月28日の県議会後、田口議員の質問に対する小泉茨城県教育長の答弁内容を、たびたび意見交換している山野井県議会議員に郵送していただき、入手することができました。それに対する県教育長の答弁は、以下のとおりでした。

小中学校における教員の欠員の実情と対策についてお答えいたします。児童生徒が充実した学校生活を送るためにはもとより、教員が働きやすい環境を整えるためにも、産休・育休の補充教員を適切に配置していくことがたいへん重要であると認識しております。県内の小中学校では11月１日現在、６４６人の教員が産休育休を取得しており、そのうち６０８人について、常勤の補充教員を配置している状況にありますが、産前産後休暇などの補充教員は、年度中途での採用となることが多いため、一部の学校では常勤の補充教員を配置することが困難な状況もございます。

そのような場合であっても会計年度任用職員を配置することや、学級担任外の教員が職務を代行することで、すべての学校において、産休育休職員の業務を代替し、児童生徒の学習指導に影響が出ないよう対応しているところです。

> 今後は現在各教育事務所が所有している講師志願者のデータベースを県全体で共有するとともにハローワークを活用した求人を促進することで、補充教員の確保に努めてまいります。さらに退職者の情報をデータベース化しその豊かな経験を学校現場で活かしていただけるよう個別に働きかけ、必要な人材の確保に努めてまいります。
>
> また、教員志願者は全国的に減少傾向にありますが、今年度本県が実施した教員採用試験では県外試験会場を新設したほか新たに作成したＰＲ冊子により、本県の教育の魅力をアピールした結果、教員全体の志願倍率は２・９倍から３・６倍となり、９年ぶりに向上させることができました。引き続きメディアを有効に活用した情報発信などを行うことで、さらなる志願者増加に取り組んでまいります。
>
> また、現在取り組んでいる県内14校の働き方改革実践モデル校で、成果のあった取り組みを県内全域に広めることで、教員が安心して働ける勤務環境づくりを推進してまいります。県と致しましては、こうした取り組みを強力に推進し人材確保と職場環境の改善に努めてまいります。

教育長のこの答弁を読むと、県教育庁人事担当の方々が並々ならぬ努力をしていることはよく理解できます。しかし、茨城県の教育現場の欠員の実情は、県教育長のお話のような生やさしいものではありません。ほかの都道府県もほぼ同様の状況だと思います。

回答では、産休育休のことしか取り上げず、療休や内地留学（長期研修による休業）の補充教員の状況などにはひとことも触れていません。もちろん、回答のように欠員が生じた場合は、産休育休職員の業務を校内の職員のうちの誰かが代替し、児童生徒の学習指導に影響が出ないよう対応しているわけですが、そうするために学校や教員の皆さんがどれだけの苦難を強いられているかという問題には触れられていないのです。

そのうえ、配置する責任のある県は、配置できないことへのペナルティーはないうえに、県予算も結果的には、削減できてしまうので痛くもかゆくもありません。そして、県は配置できない分、数億円もの予算を浮かせることができているのです。

学校現場では、少人数加配や専科教員として配置されていた教員を本来の業務を切り捨てて、担任に切り替えるなどのケースが続出し、それでも間に合わず、教務主任や教頭が担任の代わりをして、しのいでいるような学校もたくさん出ています。

県教育庁職員のご苦労もわかりますが、トップの教育長は、現場の苦悩を我が苦悩として、なんとしても改善するという姿勢でこの問題に臨んでいただくべきだと思います。組織のトップには、その姿勢が現場を改善できるか否かの鍵になることを認識してもらう必要があります。困っていることは「困っている」と、はっきりと表明してもらうことによって、県知事にも切迫した窮状が伝わるのではないでしょうか。

県教育長は、根本的な解決策を政府与党に要請したり、県としての具体的な改善策を講じたりして、責任をもって教員不足の窮状を解決する姿勢を示すべきだと思います。

山野井県会議員との意見交換

つくばみらい市選出の山野井浩県会議員にご来訪いただき、「教育の明日を考える会」で協議してきた、教員の働き方改革や教員不足をいかに解消するかなどの問題について意見交換させていただいたのは、２０２１年12月11日のことでした。

現場の教員が学校で困っていることを、遠慮せずに政治や行政に発信できるような教育現場の風通しのよい風土づくりも大切だろうという話になりました。また、茨城県東部の鹿行教育事務所管内で私が把握した範囲だけでも、長期研修や産休育休療休の補充教員が、いくら探しても見つからず四苦八苦した事例が、69校中20校以上におよんでおり、教務主任や教頭が担任を務める学校なども多く、教員不足が深刻になっていることをお伝えしました。

その後、山野井県議は、２０２２年2月の茨城県議会で、教員不足問題を質問していただきましたが、答弁は実態を隠した歯切れの悪いものでした。そこで、県議会議員同士でも連携して教員配置の適正化など、問題解決に臨むことをお約束してくださいました。教育現場の窮状を本気で心配してくれる山之井県議のような議員が増えてほしいものです。

県で臨時講師免許を発行可能にすることを提案

２０２２年度末のことです。知り合いの校長がいるいくつかの学校に聞いたところ、小中学校の欠員状況はますます大変なことになっているようでした。年度末は次年度の人事が固まる時期ですが、中学校ではまだ必要な教科担任が配置してもらえない、小学校では異動する職員分の補充担任すら決まらないなどの状況が多発していたのです。

ここ数年は、毎年どこの市町村教育委員会でも、いくつかの学校で欠員が生じたままの大変なスタートになっていたようですが、２０２３年度のスタートはこれまで以上に欠員が増えることが予想されました。そこで、私は途中からでも教員を志願してくれる大卒の皆さんに、県が臨時講師免許を発行してはどうかと提案してみました。担当課長は「そこまでは難しいと思いますが、参考意見として、課でも検討してみたい」とのことでした。

臨時講師として、教務主任などの指導を受けながら担任業務も行えることとし、臨時講師をしながら教員免許を取得し講師となり、本採用（正式採用）教師を目指していただくのです。そのような思い切った制度を活用しながら、教師を増やし、業務の軽量化を図っていくなどして、教育投資を増やしていかないと、教師の負担が過重になっている日本の教育を改革するのは難しいと思います。

その後、東京都や埼玉県では、免許なし受験が可能になり、私が茨城県に提案したことが実際に行われるようになっています。ほかでやるようになれば追随するのが行政の習わしですので、茨城県でも近々導入されるのではないでしょうか。

茨城県議会を傍聴して

２０２２年3月7日、初めて茨城県議会を傍聴させていただきました。フェイスブックでの私の投稿に興味を持ってくれたことから親交を深めてきた、自民党の山野井県議が、教育の明日を考える会での協議を基に、「小さな学校での教員不足解消に向けた取り組みについて」の質問をしていただいたからです。

ほかにも、医療的ケア児とその支援についてや、自殺防止に向けた相談体制の充実について、自転車利用時の安全確保の推進についてなど、データや実態把握をもとにして明確な課題提示をして、今後の県の取り組み強化を約束させる、充実した質問内容でした。

しかし、「小中学校での教員不足解消に向けた取り組みについて」の教育長答弁については、２０２１年11月の田口県議への答弁と同様、明確な課題提示がされたにもかかわらず、県教育行政の前向きな取り組み姿勢を強調するばかりで、現場の困難な実情を明らかにして県としての解決策や国への要請を明示する姿勢は見られず、今回も、現場の実態への危機感が薄いと言わざるをえない答弁内容でした。

県議会での一般質問については、質問時間が1時間と限られており、全体質問と全体答弁で、再質問ができない仕組みになっており、特に重要な問題についても、差し障りのない答弁になってしまう傾向があるようです。茨城県議会文教警察委員会での具体的な質疑を通して、教員不足問題の根本的な解決に向けての取り組みを強化していただくなど、山野井県議はじめ議員の皆さま同士の連携を強化しながら、お力を発揮していただきたいと思います。

傍聴を終えてからは、県教育庁人事課の知り合い幹部2名に面会を申し入れ、上記の感想や根本的な解決策の国への働きかけを依頼して、帰途につきました。

「小中学校における教員不足解消に向けた取り組み」への県教育長答弁について

2022年3月7日、茨城県議会第1回定例会で、つくば未来市選出の山野井浩県会議員の一般質問の際、「教育の明日を考える会」から要請し、質問の一部にしていただいた「小中学校における教員不足解消に向けた取り組みについて」の質問への小泉茨城県教育長の答弁内容を、山野井県議に郵送してもらい、入手させていただきました。答弁書の内容は以下のとおりでした。

小中学校における教員不足解消に向けた取り組みについてお答え致します。

児童生徒の充実した学校生活はもとより、教員が働きやすい環境を整えるためにも、産休・育休などの補充教員を確保し適切に配置していくことは重要であります。現在、不足している教員の業務につきましては、学級担任以外の教員が代行したりすることで、児童生徒の学びには影響が出ないように対応しているところです。

補充教員を配置することが困難となっている理由といたしましては、正規職員に占める若い教員の割合が増えたことに伴い、産休や育休を取得する教員が増えているといった状況がございます。また、全国的に報じられているとおり教員志願者が減少傾向にあることも大きな要因であります。

現在ハローワークを通じて講師志願者の募集を行うとともに、講師志願者名簿をデータベース化し、各地域の教育事務所で活用しておりますが、今後は、再任用教員を積極的に活用するとともに、教員免許の有効期限が切れた退職教員の復職促進を図ってまいります。こうしたなかで、国が小学校2年生から6年生の学級編成の標準を段階的に40人から35人にすることとしたため、本県でも、学級数の増加に伴い、必要となる教員増が見込まれております。また、教科担任制について、今年度本県では国に先立ち、小学校高学年を対象に、２８８校に加配教員を配置しているところであり、来年度は、全校での実施に向けた準備を進めているところです。

今後はこうしたことにより、必要となる教員数の増加が見込まれますが、一方で学校の統廃合などによる教職員定数の減少も見込まれますので、教員採用においては、平準化を図りながら、計画的に採用することで対応してまいります。

また、教員志願者を増やし、優秀な人材を確保することで教育の質を高めていくことも重要でありますので、今年度の教員採用試験においては、県外会場の設置や試験日程の前倒し、さらには一般教養試験の廃止などに取り組んだことにより、教員全体の志願倍率が２・９倍から３・６倍となるなど9年ぶりに向上したところです。

来年度は、さらに大阪や福岡でも試験を行うなど、志願者目線での教員採用試験のあり方を見直してまいります。こうしたことに加え、教員志願者に必要な情報が的確に届くよう、ターゲットに適したＳＮＳなどを新たに活用するとともに、魅力的でやりがいのある教員の仕事や、初任者への手厚いサポートなど、茨城の教員の魅力をさらに発信するため、専門家の知見を活かした新たなメディア戦略を講じてまいります。

県といたしましては、今後も、こうした取り組みを推進し、教師不足の解消と優秀な人材確保に努めてまいります。

この教育長の答弁内容は、２０２１年11月に田口伸一県会議員（現鹿嶋市長）が質問されたときとほぼ同様の回答で、実状を改革する手立ては不十分のままです。田口県会議員の質問の際も、言及しましたが、茨城県の教育現場の教員不足の実情は、県教育長のお話のような生やさしいものではないのです。

学校現場では、少人数加配や専科教員として配置されていた教員を本来の業務を切り捨てて、担任に切り替えるなどのケースが続出し、それでも間に合わず、教務主任や教頭が担任の代わりをしてしのいでいるような学校もたくさん出ているのです。

行政の答弁書を作成したり点検したりする教育長側近の皆さんは、現場の先生方や学校の困難な状況よりは、上の立場を守ることに目が向きすぎているのではないでしょうか。教育長ご自身も、側近がつくってくれた答弁書を棒読みするだけで、教育現場の実情への認識があるのかどうかも疑わしいと感じてしまいます。

大変だがなんとかなっている、というような印象を与える隠蔽的な回答よりは、困難な実情を明らかにして、できるだけ多くの関係者や県民に実情や問題意識を共有していただかないと、現場の問題解決への道筋は遠のくばかりではないでしょうか。

制度の運用で乗り切れるか？

私が、数年来「教育の明日を考える会」で問題にし、県会議員に、議会でも取り上げていただいた教員不足の問題が、ＮＨＫでも取り上げられていました。

２０２２年度も各地で厳しい「教員不足」の状況が発生しているとして、文部科学省は教員免許がなくても知識や経験がある社会人を採用できる制度を積極的に活用するよう全国に緊急で通知したようです。

文部科学省が２０２１年度に初めて行った全国調査では、４月の始業日の時点で公立の小中学校や高校などで合わせて２５５８人の教員不足が明らかになり、２０２２年度も厳しい教員不足の状況が報告されているとして、文部科学省は全国の教育委員会に緊急通知したのです。

そのなかで、教員免許がなくても知識や経験のある社会人を教員として採用できる特別免許の制度について、博士号を取得した人や国際的なコンクールで実績がある人などにも基準を緩和できるとしたうえで、積極的な制度の活用を促しています。

また、教員免許を持つ人を採用できない場合に例外的に認められる臨時免許についても、中学校の免許がある人に小学校の臨時免許を与えたり、免許があったものの更新しなかった人に臨時免許を与えたりできるともしています。

そのうえで、特別免許や臨時免許で採用される人は必要な知識や技能が不足していることも想定されるので、各自治体に適切な研修を求める内容になっています。

教育財政や教員の配置に詳しい日本大学の末冨芳教授は「緊急的な対策だけでなく抜本的な対策を同時に進めることが重要で、この状況が続けば子どもの学びや成長への影響が懸念される。国や自治体は事態の深刻さを認識し正規の教員をしっかり確保できるよう予算を確保していくことが重要だ」と指摘されています。

これらの実態が、どこの地方議会でも、ほとんど取り上げられてこなかったことのほうが問題なのではないでしょうか。学校と教育委員会には、学校に起こっている深刻な教員不足などの問題を隠蔽する傾向があります。話題が広がり、マスコミに指摘されることを恐れ、問題を問題にしようとしないのです。

県議会での教育長答弁すら、課題もありますが、適切に対応しておりますという内容が主で、問題を明るみにしようとしないのです。困っていることは、困っていると、現場の校長や教師たちの立場から、政治に働きかける姿勢が必要なのではないでしょうか。もっとも、行政にいると、ご自身は、そんなに困ることもないので、前例踏襲の対応が続いてしまうのかもしれませんね。

部活動が地域に移行されれば教師の負担は軽減される？

「茨城新聞」によると、部活動改革に関する茨城県教委の有識者会議が２０２２年5月16日、水戸市内で開いた第5回会合で提言書をまとめ、教育長に提出したそうです。その提言内容は、以下のとおりですが、スムーズに運ぶかどうかは大いに疑問です。

部活動改革に関する茨城県教委の有識者会議（委員長・柴田一浩流通経済大教授）は16日、水戸市内で開いた第5回会合で提言書をまとめ、森作宜民県教育長に提出した。子どもの健康や教員の働き方改革を主眼に、部活指導を地域や民間の団体に委ねる「地域移行」の推進が急務と位置付けた。提言を受け、県教委は「県部活動の運営方針」を年度内に改定する。

提言書は、部活動が「勝利至上主義に傾倒し、適切な休養を度外視した活動で心身に疲労を蓄積させる」といった事例を指摘。さらに「顧問の献身的な勤務に依存し成り立ってきた」と教員の負担に触れ、改善の必要性を訴えた。

提言内容は、①県部活動の運営方針の順守や見直し ②生徒による主体的な企画・運営 ③生徒のニーズに対応した地域移行を含む活動環境の確立 ④教員が本務に専念できる環境整備の四つの柱で構成した。

地域移行は、学校単位の運営から地域単位の活動に移していく考え方。提言では、学校の小規模化の中でも生徒が希望する競技・分野に参加し、専門的な指導を受けられるよう、推進を「急務」と強調した。民間指導者らの確保が課題だとして、人材バンク設立の支援、事故時の責任の明確化などの重要性を挙げた。教員が地域の指導者として兼ねる場合、超過勤務と合わせて45時間を超えないよう指摘した。

県教委は、中学での土日曜の地域移行について、２０２５年度までの実現を目指す方針。提言ではこのほか、部活動の時間を平日2時間程度とする既定の運営方針に関し、スポーツ医学・科学の観点などから、「順守していない場合は強く是正を求めるべき」と主張。年間の大会参加数は、休養時間確保に向けて上限を設けるべきと訴えた。

委員からは、保護者や教員の間で改革への理解が進んでいないとして、県教委に周知の工夫を求める声が相次いだ。柴田委員長は「生徒、教員にとって有意義な提言になった」と総括。地域移行などの改革を巡っては、市町村の間で温度差があるとして、早期改善を県教委に求めた。（２０２２年5月17日「茨城新聞」）

部活動の改革は、一朝一夕にできるものではないでしょうが、提言書に沿った改革が実現すれば、教師の負担も大きく軽減されることでしょう。

私が部活動を担当した頃は、朝7時からの朝練や、土日なしでの練習や試合は当たり前。2人の子どもの子育ては、同じく小学校の教師だった妻に任せっきりで、苦労をかけたものです。保護者や管理職の教員を見る目も、部活に熱心に取り組めない教師は、やる気のない教師のレッテルを貼られる雰囲気でした。

それらが問題視されるようになり、徐々に改善されてはきたようですが、今回の改革案は県も本気で改革に取り組むようになったことが伺える内容で、大きな進歩だと思います。

茨城県の教員欠員状況、改善されているものの

2022年5月11日、茨城県教育庁義務教育課人事担当と5つの教育事務所の人事課に、2022年初頭の教員の欠員数の実態を問い合わせてみました。予想されたことですが、把握されていながら、具体的な実数については答えていただけませんでした。教育行政の立場の皆さんは、実情や課題が表に出て問題にされる事態は避けたいとお考えのようです。実情を公開し、問題意識が多くの皆さんに共有されるようにすべきだと思うのですが、残念ながら、体質的にそれは難しいことのようです。

2021年度の文科省による全国調査では、教員の不足が生じた学校数は全体の5・8%に当たる1897校におよんでいます。学校種別で不足が生じている学校の割合は、特別支援学

校13・1％（142校）と最も高く、以下、中学校7・0％（649校）、小学校4・9％（937校）、高校4・8％（169校）の順でした。前述したように我が茨城県は、実数で福岡県、千葉県に続いて全国ワースト3位となっており、人口比から考えると、発生率では全国1位なのは疑いない実情でした。

上層部を向いてその体面や立場を守ることより、現場の困難な実態を公開し、それらを最優先にする課題意識を多くの皆さんに共有されるようにすることこそが、教育行政に携わる皆さんの最優先課題であることを忘れないでいただきたいものです。

さて、多くの学校に欠員が生じ、現場が混乱しているにもかかわらず、なぜ校長から行政に意見も要望もできないか、ご存じでしょうか。それは教育長に嫌われ、自分自身や学校の人事を不利にされたら大変だからです。特に人事の時期などは、教育長に対して不満な態度や意見など絶対口に出せないのです。

教員の不人気ぶりは教員採用試験の倍率に表れる

ここまで見てきたように、日本の学校現場における教員不足は、目を覆わんばかりの惨状です。ここからは、教員不足の原因となっている教員採用試験の実態についてつぶさに見ながら、その問題点について触れてみたいと思います。

教員採用試験の倍率が２倍以下の自治体（2022年度）

福岡県、大分県、熊本県……………………………………1.3倍
大分県（小中）、佐賀県、長崎県…………………………1.4倍
北海道、秋田県、山形県、広島県・市、宮崎県……1.5倍
新潟市、富山県、福島県・市………………………………1.6倍
宮城県、島根県、鹿児島県…………………………………1.7倍
山梨県、愛媛県、岐阜県……………………………………1.8倍
青森県、千葉県・市、大阪府（小中）、北九州市、熊本市
……………………………………………………………………1.9倍
新潟県、岡山市…………………………………………………2.0倍

※文部科学省「令和４年度公立学校教員試験の実施状況について」より

２０２２年度教員採用試験の最終倍率は、１・３倍を最低に２・０倍までの自治体が27府県市にもおよんだそうです。これらの自治体は、募集人員を確保できなかった可能性が高いと思われます。１次試験の倍率が２倍を切ると、２次試験受験者はほぼ全員合格になるそうなので、２倍以下では、応募人員を確保できなかった可能性が高いのです。

全国で66の自治体の小学校の採用試験について見ると、なんと倍率が２倍以下の自治体が27もあるという状況で、日本の３分の１以上（正確には66分の27）が２倍以下なのです。２０２０年実施の試験では22の自治体が２倍以下でした。教員の人気低迷の度合いがよく表れています。

この傾向は、九州や東北に特に多くみられま

すが、東京や埼玉県などの首都圏も2・5倍未満です。近畿は比較的倍率も高いのですが、全国的に門戸は大きく広がっています。

併願するなど、戦略的に受験すれば非常に受かりやすい状況だと、教員採用試験対策の塾も分析していました。小学校で2倍以下の自治体は、右のとおり。このままでは、教育現場は教員が確保できず、火の車になりそうです。

小学教員の採用倍率が低い佐賀県の取り組み

「読売新聞」によると、佐賀県教育委員会は２０２２年2月、毎年夏に1回行っている小学校教員の採用試験について、２０２３年度採用から夏と秋の2回実施すると発表しました。採用倍率が2年連続ですべての都道府県と政令市で最低レベルの1・4倍だったことを受けた取り組みだそうです。

1・3倍でさらに倍率の低かった福岡県教育庁に採用試験結果を問い合わせたところ、小学校応募定員６６０人に対し、合格者は５７０人だったそうです。合格者のうち、他県に登録する人や大学院に進学する人もいるので、登録者は４００人台になることが予想されるとのことでした。

佐賀県では、ほかの自治体が夏の合格発表をしたあとに改めて実施することで、これまで受験しなかった人たちを呼び込み、人材を確保する狙いのようです。

文部科学省や同県教委によると、全ての都道府県と政令市では、例年6～9月に採用試験を実施。九州・沖縄の8県と3政令市では、夏の採用試験を同じ日に行っているため、複数の自治体を受験できないという。

教員採用を巡っては、全国的に大量退職期に入っているため、必要な採用数が増えている。

佐賀県では21年度から小学校教員の採用試験で年齢制限を撤廃するなど受験者の確保に努めてきたが、倍率は11年度採用の6・8倍から、20、21年度は1・4倍まで落ち込んでいる。

県教委教職員課によると、今秋の試験は9月下旬頃から募集し、11月中旬頃に実施する予定。同課の担当者は「仕事の都合などで夏に佐賀県を受験できなかった人にもチャンスを作り、一人でも多くのいい人材を集めたい」としている。

（２０２２年2月10日「読売新聞」）

募集人員が増えたとはいえ、ここまで教師志願者が減っている状況はただごとではありません。競争率が低下し採用されやすくなっているのですから、志願者が増えてもいいはずなのに、教育現場のブラックな実情が知れわたり、教員志願者だった学生も一般公務員や企業に鞍替えしているケースが増えているのです。このまま手をこまねいていると、日本の未来を決定づける教育現場が、ますます危機に瀕していくと思います。

「教員採用試験」倍率低下の要因

佐賀県教育委員会が教員採用試験を夏に続いて秋にも実施すると発表したことがニュースになった一方、大量退職で人材の争奪戦が本格化する懸念が広がっているようです。

２０２１年度（２０２０年度実施）の全体の倍率は3・8倍で、過去最低だった１９９１年度の3・7倍に肉薄しています。今後も続く大量退職を控え、このままでは人材の奪い合いが本格化する懸念もあります。全国にある公立学校の5・8％に当たる１８９７校で、「先生が足りない状況にある」ことが明らかになったことは前述したとおりです。文部科学省が初めて行った調査で、２０２１年4月時点の数字ですが、２０２２年1月にこの結果が公表されるやいなや「もっと不足していると思う」といった声が現場からは相次いだのです。

教員不足の理由としては、産休や育休取得者、病休者、退職者が見込みより増えたこと、特別支援学級が増加している一方で、再任用を希望する退職者や再任用の継続を希望する人が減っていることがあげられます。また、不足が生じた場合に雇用する臨時的任用教員の講師登録名簿登載希望者数も減っており、補充したくてもできない状況も多くあるのです。しかし、教員不足の理由はこれだけではありません。新規採用につながる教員採用試験の倍率低下も止まりません。

私の大学時代の友人で、今も現役の某大学教育学部の教授に聞くと、教育学部への受験倍率が下がり、教員を目指さない学生の割合も増えているというのです。

まさに、日本の教育が危機に瀕しています。教育は、すべての社会活動の基盤であり、原点であることは疑いないはずですが、日本では、政治が主導して権力維持を最優先するので、得票が見込めない教育現場の問題は常にあと回しにされてきました。また、行政の負担になる児童生徒の学びの環境や教員の働き方改革は、無理な統合など教師の負担を無視した効率優先・教育軽視の行政主導で行われてきました。そして、現場の教師はというと、従順さと聖職者としての使命感ばかりを植えつけられ、やり甲斐搾取を強いられてきたのです。

その実態が、若者たちに広く認知され、教職が敬遠されるようになったわけです。

国の教育政策が、見通しのない場当たり的なもので、文科省と財務省の力関係で成り立ってきたことも大きな要因だと思います。子ども家庭庁の議論は、選挙目当ての一時的な騒ぎに終わらせないでほしいものです。

政治と行政が変わらなければ、教員志望者減少に歯止めはかからない

文科省調べのデータによると、近年、公立学校全体（国立大教員養成系以外の卒業者も含む）の教員採用者数は増加傾向にありますが、国立大教員養成系の教員就職率は緩やかに低下しています。「教員、保育士以外への就職」の割合は９年連続で上昇しており、「２０１１年16・７％→２０２０年27・６％」と１割以上増加しています。

国立大の教育学部に進学したけれども、一般的な就職の道を選ぶ学生が増えていることがわかります。このことが教員不足問題の大きな要因になっていることは間違いないようです。やはり、教職に魅力を感じなくなった学生が増えているのです。

教員志望者が減り続けているにもかかわらず、かつての「人材確保法」のような思い切った施策を政府は講じようとしないのはなぜなのでしょうか。

２０２１年春に採用された公立小学校教員の採用倍率の全国平均が２・６倍と、２０２０年度の２・７倍を下回ったことを、「各地の教育委員会への取材でわかった」と『朝日新聞デジタル』（２０２１年６月25日）が伝えていました。その理由を同サイトは、「学校現場での長時間労働の問題が解決されず、学生に教職を敬遠する動きが広がっているとみられる」と分析しています。

教員志望者が減っているのは、２０２１年度が特別なことではなく、この傾向はずっと続い

ています。昨年度に採用された公立学校教員の採用試験は２０２０年夏に、総受験者数は13万３８２４人で、前年より３９２９人減少していたと「本紙調べで集計した」として『教育新聞』（２０２０年11月11日）も伝えていました。

同紙によれば、「２０１２年度実施試験以降の最小値を更新した」といいます。小学校だけでなく、教員の志望者が全体的に減少し続けているのです。

それが、採用倍率の低下にもつながっています。そこには、「朝日」が指摘しているような長時間労働など、学校現場の「ブラック化」が大きく影響しています。

問題なのは、そうした状況を改善する本気の姿勢が政府・文科省に乏しく、政治家もあまり関心を示していないことです。日本の将来を支える子どもたちを育成する教育現場が、危機に瀕しているのに、無為無策のままでよいのでしょうか。保護者への幼児教育・保育無償化や高校教育無償化は得票につながりますが、教育現場の改革には、文科省や政治家も手をこまねいているのです。教育が政治の支配下に置かれ、教員の働き方改革などを唱えても得票につながらないとの理由から、いつまで経っても教育改革が進まなかったのです。

法案が整備され、２０２３年4月に子ども家庭庁が始動しましたが、政府直轄の教育管理機関として、教育予算をＯＥＣＤ加盟先進国最低レベルから、せめて教育先進国平均レベル以上に確保し、確実に働き方改革を推進するなど、若者が教職に魅力を感じられるような改革を着実に推進していく必要があると思います。

教員に求めるものが多すぎる

平成24年に示された「中央教育審議会」教員の資質能力向上特別部会の答申によると、これからの教員に求められる資質能力については、以下のように整理されています。

> 　これらは、それぞれ独立して存在するのではなく、省察するなかで相互に関連し合いながら達成されることに留意する必要がある。
>
> （1）教職に対する責任感、探究力、教職生活全体を通じて自主的に学び続ける力（使命感や責任感、教育的愛情）
>
> （2）専門職としての高度な知識・技能
>
> ①教科や教職に関する高度な専門的知識（グローバル化、情報化、特別支援教育そのほかの新たな課題に対応できる知識・技能を含む）
>
> ②新たな学びを展開できる実践的指導力（基礎的・基本的な知識・技能の習得に加えて思考力・判断力・表現力などを育成するため、知識・技能を活用する学習活動や課題探究型の学習、協働的学びなどをデザインできる指導力）

③教科指導、生徒指導、学級経営などを的確に実践できる力
（3）総合的な人間力（豊かな人間性や社会性、コミュニケーション力、同僚とチームで対応する力、地域や社会の多様な組織などと連携・協働できる力）
教員に求められる資質能力は、非常に高いレベルの使命感と責任感、専門職として知識と技能、そして、総合的な人間力である。

しかし、今の教員採用試験の実態は、「それらの資質などはどうでもいいから、教員免許を持っていて、今の困っている教育現場の穴埋めさえしてくれれば、なにも問わないからうちの県に来てください」という試験内容に成り下がっています。少子化が進み、志願者が定員に満たない高校が続出して、入学試験はかたちだけになっている高校入試の実態と、ほぼ同様の事態が教員採用試験でも起こっているのです。求められているものが多すぎて、そんなにあれもこれもが求められる教員なんて、負担にしか感じないという若者が増えているとも言えるのではないでしょうか。

私は、中教審のお偉い学者の先生方が結集して、無理難題を教員に求め続けてきた結果、今の深刻な教員不足の実態を招いたといっても過言ではないと、思っています。

「やむをえない」では済まされない沖縄県の教員不足

ＮＨＫのニュースウェブによると、永岡文科大臣は２０２３年年２月17日に行われた閣議後の記者会見で、沖縄県がやむをえない場合に小中学校の１クラスの定員を40人に戻すことを検討していることについて「国の基準を下回る人数で編成するのが前提と聞いている」として、「教員不足については実態を把握してしっかり対応していきたい」と述べたそうです。

沖縄県教育委員会は新年度の４月以降、教員が不足してやむをえない場合に１クラスの定員を現在の35人から40人に戻す方向で調整を行っています。

これについて、永岡文科大臣は17日、「国の基準を下回る人数で学級を編制するという前提と聞いていて、国の35人学級の計画的な整備に必ずしも反するものではないと理解している」と述べました。

その上で「国としては教職員定数の改善に取り組むとともに、教師不足に関しましても実態を把握しまして、しっかりと対応していきたい」と述べました。

国は令和７年度までに小学校のすべての学年で「35人学級」の実現を目指していて県内ではおととし４月から小学１、２年生で30人学級を小学３年生から中学３年生で35人学級を導入しています。（２０２３年２月18日「ＮＨＫニュースウェブ」）

県の方針に伴う教員配置ができず、教員が不足しているから、40人に戻すようなことが容認されれば他県にも広がり、働き方改革どころか、教員の負担はさらに大きくなり、教員志願者がさらに減ることになるのは必至です。

「仕方がない」では、済まないと思うのですが、どうしようもないのが実情のようです。

第3章　理想の教育と教育行政を求めて

衆議院議員会館に、山崎正恭議員を訪問して

２０２２年1月13日に「教育の明日を考える会」の会員である阿見町《あみまち》議会議員の川畑秀慈さんとともに、四国比例区選出の公明党山崎正恭衆議院議員を訪問し、「教育の明日を考える会」からの要望書などを提出させていただきました。

山崎衆議院議員は、中京大学、鳴門教育大学大学院修了後、高知県の中学校4校の教壇に立ち、高知県教育委員会勤務、中学校教頭を経て、２０１９年に高知県議会議員に、２０２１年10月には四国比例区から衆議院議員に初当選されました。

50歳の若さで、20年以上の現場経験や教頭、県の指導主事、県会議員も経験したうえで、国会議員になられた稀有な経験を活かし、日本の教育が抱える多くの問題解決に向けて、党の教育改革推進本部事務局次長としても、その活躍が期待されています。

私とは、県会議員の頃からフェイスブックで交流するようになり、教育問題について、いろいろと意見交換してきました。「教育の明日を考える会」からは、地方教育行政間の格差是正、教員不足問題への対策、幼児教育の質の確保、教員定数の改革と教員の働き方改革、教育委員会制度の見直しなどについて、公明党国会議員の皆さま全員分の文書を準備して請願資料として、お預かりいただきました。

教育改革推進本部事務局次長として、私たちの要請や問題意識にも、深い理解と共感を示し

ていただき、とても有意義な時間を過ごすことができました。

私たちの要請に真剣に耳を傾けていただいた山崎衆議院議員に心から感謝するとともに、長い時間をかけて、会の皆さんとともに練り上げてきた内容が、政府与党の今後の教育政策に反映され、確かな教育改革につながることを祈って議員会館をあとにした次第です。

衆議院議員会館で、「これからの教育を考える会」を開催

２０２３年3月16日、衆議院第２議員会館で、公明党の国会議員４名の皆さまにご参加いただき、「これからの教育を考える会」を開きました。参加していただいたのは、公明党衆議院議員の浮島智子、山崎正恭、吉田久美子、金城泰邦議員です。

これからの教育のあり方について、私たち「教育の明日を考える会」と、プレゼンしていただいた山崎洋介さんの「ゆとりある教育を求め全国の教育条件を調べる会」の２つの会から要望や提言を聞いていただきたいと要請し、以前から親交のある現場経験豊富な山崎正恭衆議院議員がお応えくださって実現したものです。

山崎洋介さんのわかりやすく説得力のある教員定数の改善計画などの課題提示と政策提言を聞いていただいたことで、これまでも、教科書無償化、幼児教育・私立高校・高等教育の３つの無償化を実現してきた公明党への期待を込めて、さらなる現状の教育改革へ具体的に取り組

んでいただきたいと強く念願しています。

政策実現力が高い公明党が、学校現場の教員不足問題や働き方改革のためにも、私たちの具体的な提言を真剣に受け止めていただけたことには大きな意義があったと思います。

「衆議院・文部科学委員会」での山崎正恭議員の「質疑」

２０２３年3月10日、衆議院文部科学委員会において、公明党の山崎正恭衆議院議員が質疑に臨みました。私たちが要請したことなどをもとにしたものでした。

不登校児童生徒の成績評価について

前向きな意欲やエネルギーを与えることが評価の本質であり、励ましの評価ができるようにしてほしいと要請し、「不登校児童生徒への評価のあり方をしっかり検討する」との答弁がありました。

不登校の親の会の支援について

保護者の会に救われたとの声が多い一方、会の運営への行政の支援にバラつきが見られるので、文科省から各自治体への取り組みを促してほしいと要請し、「現場の実態を把握しながら、スクールカウンセラーなどを生かした保護者の会の運営を検討する」との答弁がありました。

不登校特例校の設置について

学校が子どもから学び、寄り添っていく考え方を大切にし、指導支援体制パッケージをつくり、かかわりや支援のノウハウを共有し合えるようにしてほしいと要請し、藤原初等中等教育局長から、「さらに充実した体制を整備したい」との答弁がありました。

教員の働き方改革――授業持ち時間数、大学4年生・大学院生の講師としての採用

代替教員が見つからない実態を通して、教員不足の負の連鎖が加速しており、正規の教員の授業持ち時間コマ数を減らしたり、大学4年生を非常勤の臨時教員として採用してはどうかなどの質疑に対しては、「総合的な対策を立てて、検討していきたい」との答弁がありました。

奨学金免除について、奨学金免除制度の復活を求める声があることに対しては、「再考の価値はあると思う」との答弁がありました。

チーム学校のさらなる推進について、教育のための社会の発想から、コミュニティ・スクールの機能を充実させてほしいとの要請に対して、「多様な人材を活かせる仕組みづくりを検討したい」との答弁がありました。

山崎正恭衆議院議員の質問内容は今までになく具体的で革新的なものでしたが、文科省の答弁は具体性に乏しく、大きな改革に結びつけるには、文科省頼みでは難しいのかなという印象を持たざるをえない内容でした。

ともあれ、山崎議員には、教員不足問題などについて私たちの思いを代弁し、内容の濃い質疑を行っていただいたことに感謝したいと思います。

さらに、改革へのうねりが加速できるよう、今後も多くの皆さまと連携を深めながら、現場からの教育改革の働きかけを強めていきたいと、強く感じた次第です。

教育界の権力構造にとらわれないでほしい

文部科学省が示す国の教育法令や教育政策のもとで、県の教育長をトップとした教育行政関係者や市町村教育委員会と、各学校の校長・教頭・教職員とのかかわりを「特別権力関係」といいます。教育現場の教員たちは、このピラミッド型の権力構造の下で働いています。

国や県の教育法規に則り、その方針や学習指導要領に示された指針、不祥事根絶への指示などに従うことは、教員の責務です。指針や指示を伝える関係については、行政と管理職、管理職と教員の、上位下達は必要なことだと思います。

しかし、その行政や管理職の立場になっていることを自分が特別な権力を持ったと思い込み、その権威と権力を振りかざす行政関係者や管理職がかなりの割合で存在します。また、特別権力関係の上位にある者を必要以上に尊敬し、ひれ伏すような態度をする教員や管理職もいます。そういう態度が露わな人ほど偉くなっていく傾向があります（主観ですが、そのように偉くなった人は、そういう態度をしてくれる人を大事にします）。

そういう態度や行動が上から下まで行きわたり、「おかしいこともおかしいと言えない文化、言わない文化」が、教員の社会に蔓延してしまったのだと思います。

教員には、行政や管理職からの指示に従う義務もありますが、困っている問題を率直に申し出て要請する権利もあるのです。行政がやるべきことをやってくれないとき、強く要望することもできるのです。

「行政が上で現場が下」の考えに行政も現場もとらわれ、聞くべきことを聞かない行政と、言うべきことを言えない現場の構造が定着しているように思われます。行政や管理職は、その都合や権力構造にとらわれず、現場の先生方の声をしっかり聞くべきです。現場の皆さんも、必要以上に行政や管理職にへりくだることなく、言うべきことは言うべきだと思います。子どもたちや保護者のためには、行政も現場も対等の立場にあることをお忘れにならないでいただきたいと思います。

文部科学省が改革のための予算を要望しても、財務省が障壁となり、小出しの予算配当しかしてもらえない――この繰り返しでは、いつまで経っても教育改革は実現しません。

子どもの幸福のための教育はいかにあるべきかを、教育先進国であるフィンランドの教育などに習って、真剣に議論すべきです。

少人数学級や専科教師の配置、部活動の外部講師派遣などに明確な予算を配置すべきです。教育に携わる仕事がブラックのままで、魅力ある職場にならない限り、子どもたちの幸福のための教育は実現しません。

地方議会も、山梨県が25人学級を決めたように、教育の質向上のための特色ある政策を打ち出していくことが求められています。

票になるかならないかより、日本の将来のためには、なにが一番必要なのかを真剣にお考えいただければ、安心して子育てできることと、教育をいかに充実させるかが、最重要政策であることに自ずと気がついていただけるはずだと思います。

教育の目的は子どもの幸福にある。

教育の目的が見失われ、大人の都合優先の教育が子どもの世界を支配しています。大人の子どもにかかわる時間と情熱の総和が教育の成果であるとするならば、十把一絡げの効率主義を改め、子どもの幸福のための教育にすべきだと思います。

「なんのために生きるのか」「なんのために生まれてきたのか」、そして、「なんのために学ぶのか」、また、「なんのための職業なのか」——自分の生きる意味を探求し、より創造的で豊かな人格を目指し、生活の安定を図りながらも、自分のかかわる社会にいかに貢献し、いかに役立つかを深く探求しながら、幸福を追求する生き方に、できる限り多くの児童生徒を導くのが教育の目的なのだと思います。

しかし現実は、自分の生活の安定や目先の利益や損得に汲々とせざるをえない生活者ばかりを増やし、安定した状況にあるがために、生きる意味や学び続ける意志を放棄した人々や、自分第一主義の偏ったエリートを増やす結果を招いているのではないでしょうか。

「英知を磨くは何のため、君よ　それを忘るるな。労苦と使命の中にのみ、人生の価値（宝）は生まれる」

これは、創価学会インターナショナル会長であり、創価大学の創立者である池田大作先生による創価大学の銘板に刻まれた指針であります。教育が原点であることを忘れた政治や行政のあり方は、根底から見直されるべきなのだと思います。

幼児教育の無償化だけでなく質の向上を

２０１９年９月24日、「日本経済新聞」に、中室牧子慶応大学教授が幼児教育問題にかかわる貴重な意見を寄稿されていました。

質の高い幼児教育が、青年期以降にその指導の効果が表れることを証明した研究は多く、なかでも、代表的なノーベル賞受賞者のジェームズ・ヘックマン米シカゴ大教授による「ペリー就学前プロジェクト」を紹介しています。1960年代に質の高い幼児教育を受けた児童は、受けなかった児童と比較して、40歳時点の学歴や所得が顕著に高かったそうです。

質の高い幼児教育は、社会情緒的能力または非認知能力といわれる能力の改善につながったからだと考えられる。しかし、2019年10月1日から施行された幼児教育無償化に関連した政府内の議論では、幼児教育の質について検討された形跡はほとんどない。親の経済的負担の削減を喜んだ世帯もいるが女性の就業率向上といった大人の事情ばかりが議論され、肝心の子どもたちが受ける教育の質の面からの議論が充分になされていない現状を残念に思う。（2019年9月24日「日本経済新聞」）

非常に重要な教育の根幹にかかわる問題でありながら、票につながらないことは議論されず、政治的に事が進められてしまい、幼児教育の質の問題が軽視され、行政の予算削減や経営者の利益確保のための幼児教育になってしまったのです。

10月からの幼児教育・保育無償化は、私立も公の性質を持つことになるので、公立・私立の別なく、指導内容について、教育委員会の指導管理を受けるべきだったのです。職員に研修や準備の時間を十分に与えず、園の研修計画も不十分、保護者の評判ばかりを考え、目先の利益本意の運営のような、私立の割合が高いことが当時から課題となっていました。

近年、１００％市の予算で運営される公立幼稚園ばかりが、教育委員会の指導を受け、質の高い幼児教育を行いながら不利な扱いをされ、軒並みつぶされてきました。子ども・子育て支援法の予算は、私立にしか適用されなかったのです。私立に任せれば、国から２分の１、県から４分の１の補助金が下り、市の負担は４分の１で済んだからです。

予算の乏しい少子化の進んだ潮来市のような市では、国策に支援され、指導の質など関係なし、行政の都合本位の幼児教育が行われたのです。そのため、経営本意の私立系の認定こども園のほとんどが行政の支援を受け、今までどおり、利益本位・経営本位の施設運営を行っている例が多いのです。

教育先進国フィンランドに学ぶ

世界的に教育先進国として名高いフィンランドの教育と、日本の教育との違いについて考えてみたいと思います。

国際連合機関であるＳＤＳＮ（持続可能開発ソリューション・ネットワーク）が毎年発表している世界幸福度調査の「世界幸福度ランキング」で、２０２３年も首位となり（日本47位）、６年連続首位と大きな注目を集めるフィンランドですが、実施されている教育も世界的に高い評価を得ています。

世界的に高い評価、関心を集めるようになったのは、ＯＥＣＤ（経済協力開発機構）加盟国で実施される学習到達度調査「ＰＩＳＡ」が大きくかかわっています。国際的に行われる本調査は、参加国の15歳児を対象に３分野（数学的リテラシー、科学的リテラシー、読解リテラシー）を測定するもので、フィンランドは２００３年にそれぞれ１位、２位、１位（日本は14位、６位、２位）、２００６年には２位、２位、１位（日本は15位、10位、６位）と上位を獲得しています。

国民の幸福度、教育ともに大きく差をつけられている日本は、評価の高いフィンランドに学び、取り入れられるものは取り入れるべきだと思います。日本は、フィンランドの教育に学べば少子化と教育後進国状態を克服できるのではないでしょうか。

それには、文科省任せや財務省任せではなく、子ども家庭庁を政府の直轄機関として、ＧＤＰ比５％以上の予算を教育にかけ、教育最優先の国家方針を、国の責任において示していただくしかないと思います。

創価教育の原点とは

私は、創価大学教育学部の１期生として、創価教育の原点を学び、茨城県東部の教育現場で教員、校長、公立幼稚園長を務めました。

創価教育の淵源は、１９３０年、『創価教育学体系』発刊した教育者牧口常三郎氏と戸田城聖氏の教育理念に遡ります。創価とは「価値創造」の意味です。

当時、日本の教育が次第に軍部への盲従を植えつける手段とされる渦中で、牧口先生と戸田先生は一貫して〝教育は子どもの幸福のためにある〟との姿勢を貫かれました。

１９４３年、２人は軍国主義に反対したため〝思想犯〟として逮捕され、牧口先生は獄中で亡くなりました。

牧口常三郎先生（１８７１～１９４４）は、明治時代から教育の現場に根ざした実践研究に精励され、自然と人間生活の原理・原則を究明した『人生地理学』、また膨大な教育記録をもとに、子どもの人間形成を主眼においた『創価教育学体系』を著されました。北海道の尋常師範学校付属小学校訓導から、東京の白金小学校校長に至る先駆的な教育実践は、混迷した教育界において、人間教育の未来を拓く重要な数々の改革と方向性を示すものでした。牧口先生は生涯、「どうすれば、人間は幸福になれるか」を追究し、軍国主義と戦い、堂々とその信念を貫いて獄死されたのです。

その教育理念を継承する創価大学をはじめ、創価一貫教育の創立者である池田大作先生は、「教育こそ、人間が人間らしく平和と文化と人類連帯の最極の金の道を創りゆく根幹である。

教育の世紀それは人間の世紀である。さらに平和と幸福の世紀だ。そして人類の連帯の世紀なのである」と仰っております。

ウクライナへのロシアの侵攻が、世界を不安に陥れていますが、平和と幸福への価値を創造する「子どもの幸福」のための教育を、今こそ日本で実現し、世界に広めていくべきだと思っております。

子どもが幸福になるための教育とは

『人間革命』（聖教新聞社）第24巻「人間教育」の章に、以下の記述があります。

> 創価教育の父・牧口常三郎は叫んだ。「幸福が人生の目的であり、したがって教育の目的でなければならぬ」。子どもが幸福になるための教育――そこにこそ、教育の根本目的がある。子どもたちに、何のための学校か、何のための勉強かを自覚させ、一人ひとりの、やる気を引き出していく教育をめざすことこそ、最も大切なテーマではないか。
>
> そして、そのやる気を引き出していくのは、教師という人間の力によらざるを得ない。
>
> 社会は、人間が創りあげた有機体である。であるならば、そこに生きる若き魂をどう育て上げていくかで、社会の明日も、世界の未来も、決定づけられていく。ゆえに、教

育こそ、人類にとって、最も力を注ぎ込むべき大切な事業といってよい。教師が自らを、いかに磨き、向上させていくかが、社会建設の最も重要な課題となるのである。

教育には、教育理念が必要である。21世紀の建設のためには、国家や民族の枠を超え、生命の尊厳観に立脚した、世界市民としての新しいモラル、新しい教育理念が確立されなくてはならない。それがあってこそ、教育の大道は開かれるのである。

教育の目的は、機械をつくることではなく、人間形成、つまり人間をつくることにある。教育の挫折は、文明の崩壊であり、はたまた、人間自身の敗北につながる。現代の多くの指導者は、未来をいかに築き、何を与えていくかという大局観に乏しく、目先の利害、打算に汲々としている。

今の日本の教育は、池田先生が仰る人間自身の敗北につながる挫折の危機に瀕していると思います。それは、教師の負担を無視した効率主義の教育を行ってきたからにほかなりません。教師を志願する青年も減り、せっかく教員免許を取っても教師を志願しない学生が、ここ10年で1割以上も増えているのです。

その理由として、以下が考えれます。

①教員の不祥事・事件の過熱報道もあり、世間全般の教師に対する信頼や尊敬の念が低下し

ており、②近年教員の長時間労働が取りざたされるようになり、ブラック企業（職場）のイメージができつつある。③身内・知人や教育実習生として、実際に教員が仕事に忙殺され疲れ切っている姿を目の当たりにする。④児童生徒は日頃教師と接し、あまり魅力のある仕事とは思わなくなった。

これらのことから、教員の職場環境・勤務条件の変革こそが、現状では最も重要な問題になっていると考えます。そして、そこに焦点を当てた、現場からの教育改革運動が必要不可欠になっていると思います。政治も経済も福祉も医療もそれぞれ重要ですが、最も重要なのは、すべての社会活動の基盤となり、国や地域の未来を決定づける教育であります。

今の日本の停滞の原因は、最も重要な教育への投資を怠り、親任せ学校任せにしてきたことにあると思うのです。

「これからの日本の教育」はどう変化していくべきか

日本の教育は、これからどう変化していくべきでしょうか。

まず、最優先すべきは、なによりも教育を重視する国家としての教育方針を示し、それらを国民が共有できるようにすることでしょう。

文部科学省ではなく、政府与党が明確な教育予算確保の方針を示し、文科省と財務省が予算折衝で毎年対立するような事態は避けるべきでしょう。その国家の方針に沿った予算を確保し、いかに公正に分配するかを考える必要があります。

日本は、国家予算に対する教育予算の配置率が、ＯＥＣＤ加盟37ヶ国中最低の２・９％ですが、まずは最低でも平均値の４・２％を上回るべきでしょう。それを公正に活用し、広がった地方教育行政間の格差を埋めるよう努力すべきだと思います。

そして、少人数学級が可能で、今のように教員にばかりあれもこれもと、押しつけずに済む人的配置ができるよう、教員採用試験や人材確保の体制を整備し直すべきです。

また、偏差値重視の教育制度や暗記型学習、受け身スタイルの授業、将来使えない英語の授業など、現状ではまだまだ改善すべきこともたくさんあります。

保護者や生徒の、「一流の大学に行き一流企業に就職すれば一生安泰」という固定概念も問題です。一流大学を出て一流企業に勤めても、その一流企業は突然、経営破綻してしまうかもしれないという時代になっているのです。

教育制度についても、北欧諸国など質の高い海外の教育制度に学び、それを日本スタイルに変えて取り入れることも重要でしょう。

教育基本法、学校教育法、地方教育行政法などの教育法規でがんじがらめになっている日本の教育ですが、そのような根本的な教育改革のためにも、少子化で衰えた日本の国力を回復するためにも、さまざまな困難な課題を克服して、世界に雄飛できるようなレジリエンスの高い（しなやかで弾力のある）人材があふれるほどに育っていってほしいものです。そのためにも、これからの日本は、なによりも教育を重視する国になるべきではないでしょうか。

子ども一人ひとりにかける家族や教師のかかわるエネルギーの総和が、子どもの成長だとすれば、家庭教育は、祖父母も交えた両親や兄弟など、多くの家族に支えられたかたちで行われるべきです。幼児教育も学校教育も同様です。

いつでもなんでも教えてもらえたり、聞けたり励ましてもらえる少人数指導のほうが、35～40人クラスに教師１人という十把一絡げ扱いをされるより、はるかに質の高いかかわりと指導の成果が得られることは間違いないのです。

教育基本法の定める「教育の目的」に現状は適っていない

２００６年制定の「教育基本法」には、以下のように教育の目的が定められています。これは、１９４７年に制定された旧教育基本法から日本の教育の根本理念を引き継いだものであり、その内容と文科省の解説は以下に示すとおりです。しかし、この目的に適合した教育が、はたして現在行われているのでしょうか。目的を示したうえで考えてみたいと思います。

第1条（教育の目的）

教育は、人格の完成を目指し、平和で民主的な国家及び社会の形成者として必要な資質を備えた心身ともに健康な国民の育成を期して行われなければならない。

◎本条で規定している「教育の目的」とは何か

教育は、人を育てることであり、ここで「教育の目的」としては、どのような目標に向かって人を育てるか、どのような人を育てることを到達の目標とすべきかについて規定している。

◎本条の構造

教育の目的は、A：人格の完成をめざし、B：平和的な国家及び社会の形成者として、（以下の徳目を有する）心身ともに健康な国民の育成を期すること。

1 真理と正義を愛し、2 個人の価値をたつとび、3 勤労と責任を重んじ、4 自主的精神に充ちた「人格の完成」：個人の価値と尊厳との認識に基づき、人間の具えるあらゆる能力を、できる限り、しかも調和的に発展せしめること（「教育基本法制定の要旨」昭和22年文部省訓令）。

はたして、この目的に沿った教育が行われているでしょうか。人間の備えるあらゆる能力をできる限り、しかも調和的に発展せしめるには、一人ひとりにかかわる教員の配置が不可欠です。教育基本法が定める教育の目的に合った教育を行うには、教育予算を出し惜しみすることなく、個に応じた指導が成り立つような体制を整備すべきであることは言うまでもありません。

「三位一体の改革」で、教育の行政間格差が広がった皮肉

地方の独自性を高めるはずの、いわゆる「三位一体の改革」により、２００６年度から国の都道府県への負担が２分の１から３分の１へ、地方自治体の負担が２分の１から３分の２に変わり、その財源は自治体ごとの税収と地方交付税で賄われることになりました。

これにより、今日では各地方がそれぞれに独自の取り組みをはじめており、都道府県あるいは市町村で、少人数学級の実施や独自の教員加配など、国の基準を超える取り組みを行う地方自治体も増えてきています。

これは、義務教育に対する国としての最低限の責任を果たしつつも、保護者や住民に身近な地方自治体に権限と責任を移譲し、保護者や住民の意思をより直接的に反映する学校運営の実現を図っていくことを目的にした改革であったはずでした。しかし、実情は、保護者や住民の意思など反映されることはなく、県の取り組みの格差が広がり、都道府県ごとの教師の給与や人員の配置基準の格差を大きくしています。その格差の実態が話題にならず、把握しづらくなっています。

さらに、総額裁量制なので教育のために割り振られたはずの地方交付税が、目的外使用されても誰も気づかないのです。気づいても首長の権限で予算編成されたことに異論を示しづらく、すんなりと通ってしまうということが、小さな市町村ではよく起こっているのです。地方議会の議員が教育行政の背景にも通じていれば、目的外使用などは阻止できるはずですが、そこまで勉強されている議員は少なく、行政の都合本位に操られてしまうという実態もあるようです。

また同じ理由で、都道府県によって教師の配置基準に大きな格差が生まれています。３教科以上の専科教師が昔から配置されている東京都と、やっと２０２１年から１教科のみで専科教師が配置されるようになった茨城県などの地方とでは、教育条件や働き方にも大きな格差が生まれているのです。

憲法26条で、教育は機会均等であるとしながら、地方の裁量に任せることで、教師の働く条件に大きな格差が生まれているのです。義務教育費国庫負担法と総額裁量制については、格差が広がらないための見直しが必要だと思います。

「教育委員は本来の役割を果たしているか？」という視点で見る必要もあるでしょう。教育委員は、本来子どもたちや保護者や教師の代弁者であるはずです。しかし、現状は、行政追認のイエスマンばかりが行政主導で選ばれ、議会で形式的に承認されているだけです。

最も重要な現場の声を代弁し行政にもの申す役割を果たすことなく、行政に飼い慣らされた番犬のような役割しか果たしていないのは、大きな改革を必要とする問題なのです。

教育現場と政治・行政の乖離

少子化に伴って教員数は減っているにもかかわらず、文部科学省の病気休職の発生率に関するデータによると、２００７年度以降、精神疾患で休職する教員は毎年約５０００人を上回っています。

２０２２年12月27日の「東京新聞」によると、２０２１年度にうつ病など精神疾患を理由に休職した公立小中高・特別支援学校の教職員は、２０２０年度より６９４人多い５８９７人で、過去最多だったことが文部科学省の調査でわかったそうです。全教職員に占める比率も０・０６４％で過去最多でした。

調査は、都道府県と政令市の教育委員会を対象に実施。精神疾患の休職者は、この15年ほど５０００人前後で高止まりしていた。

学校種別で見ると小学校２９３７人、中学１４１５人、高校７４２人、特別支援学校７７２人など。また、22年４月１日時点で復職したのは２４７３人で、２２８３人が休職を続け、1141人は退職していた。

文科省は26日、教員のメンタルヘルスのモデル事業を新年度予算案に計上したと発表した。今後、全国都道府県・政令市から五つを募り、自治体と専門家、学校管理職などで関係者会議を設置。休職に至ったケースの原因を分析し、相談員の設置など対策を実施、効果の検証を行う。同省初等中等教育局の担当者は、「しっかりした教育を行うには、教員の心身の健康が重要。特効薬はないが、できる対策を進めたい」と話している。

（2022年12月27日「東京新聞」）

原因を教師にばかり求めて、免許更新制だの教員評価システムなどと効率ばかり追求させられたり、知識という小さい意味での学力を大きく問題化したり、今の教育行政からはまったく改善への方向が見えてきません。

一流大学出の官僚や政治家にはわからないことだと思います。生きる力を育てることを目標としている学習指導要領ではありますが、教員が生きる力に限界を感じるような状況では、子どもたちにそれは伝えられないし育てられるわけはありません。

文部科学省までも「教育の危機」を言い立てますが、問題のとらえ方を間違えています。教員たちが追い詰められた結果、教育の危機が起こっているのに、さらに無理難題を教員に押しつけようとしているのです。モンスターペアレンツに悩む教員も増えています。「宿題が期待していたような内容でない」とか「子どもを生み育てた経験がないものになにができる！」という難癖など。これも教師を追い込んだのです。

教員だけではありません。ある校長が現職中の保護者への対応に疲れ、退職したにもかかわらず、そのことを苦にして自殺されたという記事もありました。私も校長を務めたのでわかりますが、現場がいくつもの問題を抱えている状態は校長の責任ととらえ、自責の念にかられたのでしょう。

日本の教育は、教師に必要以上の負荷がかからざるをえないかたちで行われています――この現状改革が急務であることをご理解いただきたいと思います。

日本の教育予算が低水準であるわけ

「高齢者扶養率」という言葉があります。15歳以上の年代の人口における65歳以上の高齢者の人口の比率を表したもので、２０２１年調査時点で、日本の高齢者扶養率は48・64％でした。日本における高齢者の人口に占める割合はかなり高いため、政治家はその年齢層のニーズに最も敏感に反応します。しかも、若い人は投票に行かないうえ、社会的地位や貯蓄額も低い傾向にあります（組織票や献金につながらない）。

結果的に、政治家は若い人の意見より高齢者の意見を聞き、予算もそれに応じて配分されるということになります。1990年には47兆円だった社会保障給付費は2017年には114兆円に増大。現状、高齢者の生活を安定させるという仕事は、政治家にとって最重要・最優先のタスクとなっているといっても過言ではないのです。

それに比して教育費は軽んじられ、合計では増加の推移をしているものの、日本の公的教育費のGDP比は3・47％であり、OECD（経済開発協力機構）加盟国のなかでも非常に低い水準となっています。2017年時点で、アイスランドは7・71％、デンマークは7・63％、スウェーデン、ノルウェーは7・55％と、やはり北欧諸国は高水準です。また、フランスは5・46％、イギリスは5・54％、ドイツは4・81％、アメリカは4・99％と、日本はG7諸国のなかでも低い水準にあることがわかります。

このように、日本の公的教育費のGDP比は低水準に留まったままで、経済成長や増税による税収増は教育にほとんど反映されていないという現状なのです。

若い世代がいくら頑張っても、その世代にお金は使われず、お年寄り世代にお金が流れていく構造ができてしまっているのです。金持ち高齢者も増えているなかで、一律に高齢者福祉に税金が投入されていることには見直しが必要なのではないでしょうか。

日本では、貧富の差を無視した高齢者福祉予算にGDPの34％もが使われているのに、教育予算にはその10分の１の３・４％しか使われていないのです。政治家が国の将来より選挙の票目当ての権力維持政策ばかりを優先してきた結果ではないでしょうか。

人口比が少なく、投票率も低い若い親世代が求める教育経費の軽減はあと回しにされ、少子化は限度を超えて進行してしまいました。国の将来を真剣に考え、本気で教育重視政策を打たないと、日本の将来がますます危うくなることを、政治家の皆さまには気づいていただきたいものです。

「米百俵の精神」が忘れ去られていないか？

大衆に迎合してばら撒き合戦ばかりを先行させる今の日本の政党や政治家。果たして、こんなことでよいのでしょうか。人づくりはまちづくりの精神で復興した長岡藩という歴史的なお手本について振り返りながら、考えてみたいと思います。以下の「米百俵」の逸話は、長岡市の米百俵財団のＨＰを参照して記しています。

時は幕末・維新の動乱期の１８６８年（慶應４）。薩摩・長州を主力とする新政府軍に対抗する「奥羽越列藩同盟」に与した長岡藩（新潟県長岡市）は、「北越戊辰戦争」に敗れ、長岡の街は焦土と化します。

敗戦後、長岡の人たちは、その日の食事にも事欠くありさまだったといいますが、長岡藩大参事の小林虎三郎は「どんな苦境にあっても教育をおろそかにすることはできない」と主張したといいます。北越戦争の翌１８６９年（明治２）５月１日から、焼け残った長岡城下の昌福寺の本堂を仮校舎として、国漢学校を開校したのでした。

長岡の窮状を見かね、１８７０年（明治３）、支藩である三根山藩（新潟県西蒲原郡巻町峰岡）から見舞いとして送られたのが米百俵でした。当然分配されるものと思っていた藩士たちを虎三郎は説得しました。

「分配しても一人当たりどれほどにもならない。この百俵を元にして国漢学校を運営することが、戦後の長岡を立て直すいちばん確かな道だ」

反対は多かったことでしょう。しかし、藩士たちは熱心な虎三郎に説き伏せられました。こうして、米を売った代金は国漢学校の書籍や用具の購入に充てられることになりました。それまでの藩校は漢学を主に教えていましたが、国漢学校では日本の歴史や国学、さらに洋学、地理や物理、医学までも学ぶことができ、身分にとらわれず誰でもが入学できたといいます。

これが、世にいう米百俵の精神です。藩士らにおもねっていたら、国漢学校を続けることはできなかったでしょう。まさしく教育は国の根幹であることを示した逸話といえるのではないでしょうか。

今の日本の政治はというと、教員不足や志願者減少、働き方改革も進まないなかで、いじめや不登校も増える一方の教育環境にあえいでいるのに、与党も野党も選挙目当ての経済対策ばかりで、教育予算の拡充については、その実情が取りざたされて多少はわかっていても、世論も大きくなっていないので、さほど問題にする必要はないだろうと高を括っているようです。

今の世に、小林虎三郎がいたら、さぞ嘆かれるのではないでしょうか。

「みんな一緒」から「一人ひとり」へ

２０２３年、「テレビ寺子屋」（フジＴＶ）で、教育改革実践家の藤原和博氏が「２０２０年代、なぜ生きづらいのか」という話をしていました。教育を見直し、改善するヒントが多く、たいへん参考になると思いましたので、これについて記します。以下はその要約です。

昔はランドセルといえば、みんな男子は黒、女子は赤だったのに、今は、青、ピンク、紫、茶など、一人ひとりが好きな色を選ぶ時代になっています。１９９７年に「成長社会」が終わり、「成熟社会」へと変わりました。それに伴い、「みんな一緒」から「それぞれ一人」という考え方に移行してきたのです。

教育は、「学級」という単位に対して1人の教師が一斉指導を行うというスタイルで成長社会の構成者を育成してきました。「教科書」というみんな一緒の教材を使い、全国津々浦々、どこの小学生も同じ内容を勉強してきましたが、成熟社会になった今、その教育のシステムは、役割を終えようとしているのではないか。

とはいえ、一斉指導は効率的です。少ないコストで、一定の成果を上げることができます。一方、個別指導は非効率的です。効果は高いでしょうが、コストがかさんでしまいます。「一人ひとり」の教育は莫大なコストがかかるのです。

それを解決するのが技術です。コストを下げるために大量生産してきた工場は3Dプリンタの登場で、個別生産が低コストでできるようになってきました。それと同様に、新しい技術で低コストの個別指導ができるのではないでしょうか。たとえば、各教科の授業をその分野の専門家の教師が動画配信すれば、自分のペースで学習することができます。個人ではできないディスカッションやディベートなどの授業は、スカイプなどの情報技術を使えば自宅でもできます。

そして、あまった時間をそれぞれの興味関心のあることに充てる。「みんな一緒」の人材はできないでしょうが、「一人ひとり」個性的な人材が生まれてくるでしょう。隣に住んでいる同級生は自分とはまったく違う勉強をしている。自分と同じ興味を持っている人が外国にたくさんいる。そんな世の中、おもしろいと思いませんか。

個別最適な学びを実現するためにも、一人ひとりの個性を輝かせるためにも、そして、教員の働き方改革を実現するためにも、教員定数を見直し、少しでも、個に応じた指導がしやすい教員の配置を増やすべきではないでしょうか。いつも結論は、同じになってしまいますが、やはり、教育予算の拡充は時代の要請であり、急務なのだと思います。

第４章　効率優先、教育軽視の学校統廃合

学校の統廃合は行政の都合によるもの

東京都立大学の山下祐介教授（社会学）が、広島県福山市で起こった学校統廃合問題の背景を探りながら、鋭い分析をされていました（2020年7月10日「現代デジタル」、日本人が知らない、学校統廃合の現場で起きている「異様すぎる光景」）。

山下教授は、平成期の30年間で行政改革や地方創生の名のもとに、五千数百校の小中学校が統廃合され、記事が書かれたコロナ禍中の2020年も続いていたと言います。

長年にわたって継続されながら、教育委員会による住民への説明は不十分で、文部科学省のいう学校の適正規模に関する話を都合よく切り取って、あたかも統合しなければならないかのように示し、住民や保護者を無理やり納得させようとしたものであると指摘しています。住民の意向を尊重しながら、対話をもとに地方の実情に応じた学校教育のあり方を決定するという本来のプロセスから逸脱した行政の都合本位の計画に議会の了解を取りつけて強引に行ったものであり、反対運動や住民感情を無視した問題だらけの「異様」なものであったというのです。

小規模校においてこそ、最も効果的で質の高い教育が行われてきたことや、日本の効率主義の教育がいじめや不登校を増やしてきた現実を無視した行政の都合本位の教育、効率主義による学校の統廃合のあり方は根本的に見直されるべきだと思います。

学校統廃合・学校再編問題での行政・教育委員会のごまかし

少子化で子どもの数が減るから、学校統廃合は仕方ないのでしょうか？　決してそんなことはありません。少子化対策は、確かに待ったなしの課題です。しかし今、学校統廃合・学校再編計画が持ち上がっている学校は、私の知る限り統廃合など必要ないところばかりなのです。当局による一方的な学校統廃合計画に疑問を感じている方も多いようですから、ここでは、地域住民の目線から学校統廃合問題について考えてみたいと思います。

文部科学省は２０１５年1月27日、新たな学校統廃合に関する「手引」を策定し、各教育委員会に通知しています。「公立小中学校の適正規模・適正配置等に関する手引」のポイントと問題点について論じてみましょう。

まず、「学校の適正規模」とはどういうものなのでしょうか。

子どもの数が減少するなか、文部科学省は12～18学級を学校の適正規模としていますが、これは、教育的観点から望ましい学校規模として定められた基準ではありません。学校統廃合の本当の目的は、統合して学校経費を合理化することにあります。小規模校は、経費が割高になって非効率だというのが理由なのです。

しかし、「小さな学校」こそが世界の流れです。ヨーロッパなど主な国々の初等教育の学校規模は、ほとんどが１００人台で、日本はＯＥＣＤ平均を大きく上回っています。また、ＷＨ

０（世界保健機関）は「学校は小さくなくてはならない」として「生徒１００人を上回らない規模」が望ましいとしています。

　よく小規模校は「人間関係が固定化される」とか「社会性が育たない」などといわれますが、そんなことはありません。逆に、小規模校ほど教師も一人ひとりの個性や特性を把握しやすく、いじめなどの問題行動も起こりにくいのです。


　学校統廃合・学校再編計画の背景には、政府の義務教育予算削減（学校経費の効率化）方針がありました。また、政府・自民党が「地方創生」に学校統廃合を組み込んで進めようとしていたことに起因しています。「地方創生」は、それまでの「地方再生」「地域活性化」とは異なり、新たに創り生み出そうという考え方です。つまり、地方のかたち、ひいては国のかたちをつくり変えようとしたものなのです。

　自民党の「総合政策集２０１４-Ｊファイル」に「道州制の導入に向けては、国民的合意を得ながら進めて……」「地方創生の視点に立ち……」とあったように、「地方創生」は道州制導入までの準備段階と位置づけられていました。そのために、人口減少にともなう「消滅可能性都市」として自治体名を公表するという手の込んだ自治体再編へ向けた準備が行われました。「消滅可能性都市」は、そのあと、「消滅自治体」「地方消滅」とエスカレートしていったのです。住民の危機感をあおって、生き残るためには地方中枢拠点をつくり、そこに公共施設をはじめ経済活動の主体を集中させるしか道はないかのように迫ったのです。

道州制にまつわる議論はすっかり下火になりましたが、学校統廃合を推進する方針だけは生き残り、現在まで続いているのです。

地域を元気にすることが行政の役割なのですが、地方自治体の行政当局や教育委員会が主張するのは、「今後さらに少子化が進行する。児童・生徒の数が減ると教育上問題があるから、統合して『適正規模』にする必要がある」というものです。

しかし、地域を活性化させ、住民に未来の展望を示すことが政治の役目であり、行政の仕事ではないでしょうか。それを放棄して、少子化だから仕方がないでは、地域はますます疲弊してしまいます。若者の働く場を確保し、住環境も整え、子育て支援を強化することで、子育て世代や若者世代を呼び寄せることは可能なのです。実際、そういう取り組みで成功している自治体もあります。

そもそも学校の「標準規模」や「適正規模」とは、教育的観点からの「基準」を装いながら、実際は行政効率化の点から導き出された「基準」でしかないのです。行政効率を最優先して、教育や学校、そして地域を切り捨てる国や地方自治体に未来はありません。

学校統廃合問題は、子どもたちの教育の問題であることはもちろん、「まちづくり」の問題でもあります。本当に地域を活性化させる取り組みと併せて、学校のあり方は議論されるべきだと思います。まして、コンサルタント会社にお任せで、地域の教育のあり方を真剣に考えるプロセスをなくした統廃合計画では、地域の未来や可能性は萎んでいくばかりだと思います。それらのこともよく考え、無理な統合は控えるほうが賢明だと思います。

5回の転校で痛感した小規模校のよさ

日本ではやっと35人学級が実現しますが、諸外国の学校・学級規模が小さいのは、それだけ教育効果が高いとされているからです。

「小さな学校」「小さなクラス」ほど、児童生徒の学習意欲も高く、学習態度も積極的になり、子どもたちの人格形成・人間的成長にとっても効果的であることは、多くの研究によって実証されています。私も体験的に実感しています。

私は、１９５５年、茨城県行方郡牛堀町（現潮来市）の片田舎の大きな農家の長男に生まれました。曽祖父は藤兵衛、祖父は藤政、父は藤一郎、私は藤夫。いずれも長男には藤の字を使った名前がつけられ、農家の跡取りが宿命づけられていました。

しかし、父親の藤一郎は、封建的で支配的、大農家の格式を重んじる祖父に反発し、自由と成功を求めて東京の土建業界に飛び込んだのです。私が小学校に上がる前の1961年、1964年の東京オリンピックを控え、東京が活況を呈した頃のことでした（家は叔母が婿を取って継ぎました）。

　小学1年の1学期を牛堀町の小さな小学校で終えると同時に、父は母と私と3歳下の弟を連れて、埼玉県の小さな飯場に住むようになり、2学期からは入学した小学校とは正反対の大規模な与野市の小学校に転校しました。茨城弁丸出しの私は、同級生に声をかけてもなかなか一緒に遊んでくれる友達もできず、さびしい思いをしたものです。

　以後、父の仕事の現場が変わるたびに、住まい（飯場）や学校が変わり、小学3年までに、大田区立山王小、新宿区立淀橋第二小、世田谷区立京西小と、5回の転校を経験しました。そのうち、生まれ故郷の小学校と新宿区のビル街のなかの小学校は、1学年1学級20名前後の小さな学校でしたが、ほかの3つの大規模校より、先生にいつも声をかけてもらえましたし、勉強もわかりやすく教えてもらえました。友達とも仲よくなれて、多くの思い出もでき、子ども心に、次の学校も小さな学校だったら……と、思ったものでした。

　学校が変わるたびに学ぶ環境も大きく変わります。先生の声がけや一人ひとりへの励ましにも、大きな違いがあることに気がつきました。小さな学校のほうが先生にも声をかけてもらえ、友達とも仲よくなれたのです。こうした私の体験からも小規模校のよさは明らかです。

さて、話を戻しましょう。今、進められている学校統廃合は、多くの場合、学校の「標準規模」（12～18学級／校）を目標に計画されていますから、１つの学校の児童・生徒数が４８０人～７２０人というような世界に例を見ない大規模校を目指していることになるのです。

財務省の「学校規模の最適化に関する調査（２００７年7月）」によれば、１校12～18学級の中学校が2倍以上に、小学校は1・3倍に増えています。

19学級以上の小学校も数は多くありませんが3倍に増えています。財務省はこうした結果、「小中合計で約１７０億円の効率化」ができたと「成果」を強調し、今後、地方自治体や国をあげて学校統廃合を促進させる方向を提起しています。

学校規模を小さくする世界の流れに逆行し、学校経費の効率化のため学校規模を維持もしくは大きくしようとしているのが、今の日本での学校統廃合の動きなのです。

小規模校をめぐる動き

兵庫県丹波《たんば》篠山《ささやま》市立多紀小学校の子どもたちが、幻の「多紀音頭」復活に取り組んでいる様子を記した記事が２０２１年6月25日の「読売新聞」に掲載されていました。多紀小学校では、校長のもと地元の方との交流を積極的に進めているそうです。

多紀小学校の児童数が、２０２０年度の１１１人から１２７人に増加している理由は、このような取り組みによるものという分析がなされていると判断した子育て世代を地域に呼び込み、転入者を増やすことができたのでしょう。こうした活性化策を講じることなく、地域がさびれていくに任せた教育行政を行っている自治体が多く見られるのは、残念としか言いようがありません。

　私の住む潮来市では、児童が１３９名もいる津知小学校を、児童数２００名の潮来小学校に統合しようとしています。行政、教育委員会や議会が、教育の質向上への理念のない予算削減ばかりを意図して、コロナ禍以前に立てられた計画を無理に遂行しようとしているのです。

コンサルタント会社にお任せで提案された中学校4校を1校に統合させる計画に合わせ、津知小学校を統合中学校にするために計画したことのようです。地域で教育のあり方を考えようという機運を起こしていくことが大切なのではないでしょうか。

　小規模校ほど子どもたちも学びやすく教師も教えやすいので、学力も高く、いじめや不登校も起こりにくいのは明らかなのですから、小規模校のよさを活かした教育行政を真剣に考えていただきたいと思います。

現場に立つ教師は少人数教育のよさを実感している

　経験上、小規模校で20人前後の少人数学級を指導したときは、クラスの人数が少ないと授業中児童たちがよく発言すると感じました。もちろん学習に無関係な話ではなく、授業の課題解決の場面でも、自由闊達な意見交換やグループ討議ができたのです。特に羞恥心が働く中学生は、少人数のほうが積極的に学べるのです。

　そして、教師と子ども、子どもたち同士のかかわりの濃さが、子ども一人ひとりの主体性を伸ばしていたように思います。今でいう「主体的・対話的で深い学び」につながる子どもたちの姿が、少人数のときほど顕著に見られたのです。

　北欧のノルウェーやフィンランドなどの教育先進国で、平均20人の学級を学習中心の指導者と生活や心理中心の指導者とで協力して指導しているという理由はここにあるのだと思います。日本では幼稚園の5～6歳児も30人学級ですが、北欧では15人が基準だそうです。

　一人ひとりの個性や能力に応じて、最大限に子どもの可能性を引き出そうとすると、少人数のほうがはるかに効果的な指導ができるのです。これは現場の教師にとっては今も昔も変わらない共通の実感だと思います。しかし、日本では子どもたちの学びやすさや教師の実感や意見が重視されることはありません。中央教育審議会答申など、学者や文科省の役人の理論を現場の教師に押しつけるばかりの効率優先主義で行われてきたのです。

　これからの日本の教育は、政治や行政の都合優先、学者の理論優先の教育ではなく、子どもたちの学びやすさや教師がゆとりを持って丁寧に教えることができるかなど、現場重視、学びの質重視の教育行政に転換していくべきだと思います。

潮来市の小中統合計画見直しを求めて

2021年11月27日の「茨城新聞」によると、茨城県潮来市が進める市立小中学校の統合計画で、市教委が学校の統合時期を見直すための学校適正化実施計画策定会議を開くことがわかりました。

　市は、市立小中学校で児童生徒の減少が続いていることから、昨年3月、学校適正化実施計画を策定とも。しかし、実際には、計画は既に3年前の夏に示され、学区毎の説明会も実施されており、計画に基づき、本年度から大生原小と延方小が統合となったのだ。

　来年度には津知小と潮来小の統合し、その3年後には、市立中学校を1校に統合することなどが検討されている。

　しかし、新型コロナウイルスの影響で、本年度開催予定だった保護者全体を対象にした説明会が行えず、一部代表者らに向けた説明会のみにとどまっており、すでに現行の計画通りに統合を進めることが難しくなっていたことから、保護者から改めて統合時期の案を示してほしいという意見が出たため、今回の会議の開催を決めた、としている。

会議は複数回行われる予定で、本年度中には新たな計画案を策定し、保護者側にも伝えるとしている。（２０２１年11月27日の「茨城新聞」）

しかし、「教育の明日を考える会」では、これまで多くの過疎化が進む地方で無差別に行われてきた効率優先・教育軽視の無理な統合によって、いじめや不登校の増加や学力の低下が進行していることを、客観的な資料を示しながら一貫して主張してきました。

行政の計画に、見直しを求める意見を持つ「教育の明日を考える会」のメンバーを一人も入れず、行政の計画を追認してくれるメンバーだけを集めて開かれる学校適正化実施計画策定会議では、会議を何度繰り返しても、子どもたちのためになり、保護者の思いや願いに応える質の高い学びにつながる学校教育体制を確立することはできないと思います。２０２１年度時点で１３９名も児童がおり、１００名以上をしばらくは維持できる、津知小学校を潮来小学校に統合する必要などありません。

指導効果の高い１００名規模の児童数を維持できている間に有効な教育支援策や住民増加策を講じて、潮来市の少子高齢化を止めて好転させることこそ、潮来市行政と議会、そして潮来市教育委員会の仕事なのではないでしょうか。

小中学校統合問題の検討を区長会に具申

２０２１年12月16日、潮来市の小中学校統合計画に関して「教育の明日を考える会」で話し合った見直し案を潮来市区長会で検討してもらうため、資料提供と説明時間を5分ほどいただけないか、区長会長と潮来市総務課長に具申しました。区長会長は理解してくれましたが、断る明確な法的根拠を示されることがないまま、総務課長に拒否されてしまいました。

行政の方針や都合に合わない話を区長の皆さんに知らされることは、それが教育の本質にかかわる市民が知るべき重要な情報であっても、区長会を統括する総務課にとっては、不都合なことなのだと思います。

しかたなく、だいぶお金はかかりますが、見直し案を潮来市の新聞折り込みチラシに８８００部を配布することを決意し、印刷会社と打ち合わせを済ませました。チラシをもとに、市民の学校教育への問題意識が広がるようになってほしいという思いからです。

区長会長が理解を示しても、区長会を統括する総務部側が、明確な意見を持つ市民の声を発信することを受けつけず、まだ決定していない統合問題について、行政側が示す方針とは異なる、「教育の明日を考える会」で話し合った意見を公然と表示できないことになれば、潮来市では、教育問題を自由に議論すらできないことになってしまいます。

憲法16条には、「何人も損害の救済、公務員の罷免、法律、命令又は規則の制定、廃止又は改正そのほかの事項に関し、平穏に請願する権利を有し、何人も、かかる請願をしたためにいかなる差別待遇も受けない」と明記されており、市民には行政への請願権が認められています。潮来市小中学校の統合問題の見直し案のように、重要な市の教育のあり方に対する意見を、区長の皆さんにお考えいただくよう依頼することは、この請願権に属する市民の権利だと思います。行政の方針に都合の悪い意見は無視するという行政の姿勢は、容認できません。

本来なら認められるべき請願が認められなかったことにより、どこにも予算のない「潮来市の教育を考える会」では、会長の私が、折り込みチラシ８８００枚の印刷代約９万円を、自腹で支払わざるをえませんでした。市の条例で「庁舎内で、業務に関係のない文書図画の配布を禁じる」の内容が断られた根拠だそうですが、潮来市の統合問題は、潮来市の業務に関係大ありの問題ではないでしょうか。

潮来市小中学校の統合問題の見直し案は、新聞各社の折り込みチラシとして、２０２１年12月24日に配られました。このチラシが市民や保護者の学校教育への関心と問題意識を高め、相互に語り合っていただく材料になってほしいと願っていました。

少子化や校舎の老朽化を理由に、近年多くの小中学校が行政効率化のために統合や廃校を余儀なくされてきました。しかし、最も充実した指導が成り立つ、単学級で１００名以上の児童数が確保されている学校まで、無理に統合する必要はないと思います。

序章で紹介したＹ先生は、まさに行政効率を優先した学校運営の犠牲者だと思います。充実した学校運営が成り立っていた小規模校6校が統合され、その小規模小学校から6校統合の大規模校に移動したことで30数名の子どもたちを受け持つようになり、顕著になったいじめや学力低下に悩んだことがきっかけで心身ともに歯車が狂い、苦悩した末に亡くなられたのです。

行政効率化を優先して、子どもたちの豊かな学びや、教師の充実した指導ができる少人数学級の重要性を軽視した、行政の都合本位の学校統廃合計画は、コロナ禍以降も全国的に進んでいます。指導の質や子どもたちを幸せに導く充実した学びを無視した無理な統廃合計画は、全国的にも見直されるべきだと思います。

統合問題は日本の教育問題の縮図

統合せざるをえずに統合した学校もたくさんあったのも確かですが、それ以上の学校統廃合は、効率優先・教育軽視の行政効率化の観点から行われたものが多く、その半分以上は、統合の必要のない無理なものでした。無理な統合によって、指導の質が下がり、いじめや不登校を増やしてしまった事例が驚くほど多いのが実情です。

日本の教育は、教師の負担を不必要に増やし、子どもたちにマイナスにしかならない状況を行政の都合本位に、拡大再生産してきた現実を知っていただきたいと思います。

勇気ある挑戦で統合阻止を実現

２０２３年2月5日、投開票だった潮来市長選挙では、45歳の若さで、「子供たちの未来へ」「一人でも多くの人を笑顔に」「より優しくより強い潮来へ」と、教育最優先を公約に掲げ、現市長の3選阻止を訴え、現職に肉迫する闘いをした沼里真一郎候補でしたが、５９９１票の得票を得ながら、現職に１１２３票およばず惜しくも落選という結果でした。

沼里さんは、「教育の明日を考える会」にも所属し、会の運動方針でもある効率優先・教育軽視の統合に反対する立場を立候補と同時に表明していました。午後9時に結果が判明し、選挙事務所は、無念の沈黙に包まれました。

選挙公約に統合反対を掲げたことで、津知小の潮来小への統合計画の令和8年度への延期と、中学校4校を1校に統合する計画のいったん凍結を勝ち取ったことと、現職の緩んだ市政に緊張感を持たせることができたことには、大きな意義があったと思います。

候補者の勇気ある挑戦に、支援者の皆さんから惜しみない拍手が送られていました。

それにしても、あれだけ「教育の明日を考える会」で統合計画の見直し要請を、新聞折り込みチラシで配布したり、区長会への意見具申を申し出たりしても、潮来市当局は統合計画を見直す様子は皆無でした。しかし、現職の市政運営に反対し、沼里さんが統合撤回を市長選の公約に掲げると同時に、はしごを外すように統合撤回や延期が決まったのです。

私たちにとっては、結果オーライでしたが、教育権が行政権に支配され、隷属させられていることを象徴するような出来事だったと思います。

第5章　弱者支援が重視される社会の実現を目指して

善意の重さについて

二十数年前、小学校5～6年を続けて担任したとき、知的障害のあるA子さんという児童がいました。その子の近所に住んでいたB子さんは、動物をかわいがる、とても気持ちが優しく面倒見のよい子で、登下校から校内での活動まで、小さい頃からいつもつきっきりでA子さんの面倒をよく見てくれていました。A子さんもB子さんを信頼し、なんでも頼って生活していました。

ほかの女の子は誰もA子さんの面倒を見る気配がなく、B子さんに負担がかかっていることを感じていましたが、本人が自然体で明るくA子さんに接してくれているので、特にほかの子に働きかけることもせずに卒業させてしまいました。

中学になるときの申し送りにも、A子さんはB子さんをとても信頼し、B子さんもA子さんの面倒をよく見てくれたことを伝えたところ、中学1年でも2年でも同じクラスになり、同じ部活に入って面倒を見続けていたそうです。

そして、中学2年の夏頃から、B子さんは不登校になり、学校に行けなくなりました。「なぜ、私だけなの？　Aさんのために学校に来ているんじゃないのに！」という、心の声が聞こえてきました。常にB子さん頼りだったA子さんも不登校になり、3年になるまでその状態が断続的に続いたそうです。

誰かがやってくれているからいいではなく、学級全体で弱い子や面倒見が必要な子への配慮のある学級にできなかったことを今も残念に当時を思い出します。

そして、私は現在、障害のある青年の面倒を見ながら、当時のＡ子さんと同じ思いを味わっています。少しずつでよいから、親戚や周囲の人が弱者を見すごすことなく、声をかけ支援してくれれば、誰かに負担が偏ることも少なくなるはずです。

善意で、かかわりを持った誰かが、結果的になにもかも背負うことになるなら、誰も困難を抱えた人にはかかわらなくなってしまいます。インクルーシブな（包摂的な、すべてを包み込む）社会とは、身近にいる弱者を置き去りにせず、皆が少しずつ、弱者に優しい社会なのではないでしょうか。

社会的弱者の支援にも行政間格差がある

私は、支援が必要な特別支援教室に在籍していた中卒の青年が、頼れる親類もないまま、社会に置き去りにされていた事例の支援に長年無償で携わっています。時間も費用も必要なことも多い支援のすべてが個人の善意に任されたままというのは、いかがなものなのでしょうか。

地域住民がかかわりたがらない知的な障害や情緒に障害のある青年などへの、行政やＮＰＯ法人などの個に応じた対応は重要ですが、行政からの補助でしっかりとした体制が整っている市もあれば、私の住む市のように、すべてが善意のボランティア任せのままの行政もあるのが実状です。市町村で驚くほどに対応に違いがある実態が、これまで議論されてこなかったことには、大きな問題があると思います。

そのような障害を抱えた青年には、ほかに生きていく手段はありません。犯罪におよぶケースも多く、全国共通の対応が必要です。予算の有無や職員不足などから社会に置き去りにされてしまっている弱者（障害者、ひきこもり、独居老人など）への対応に、市町村ごとの格差が大きくなっていることは、あまり知られていない大きな問題なのです。

国会でも取り上げ、もっと真剣に議論していただくべきだと思います。

N君への支援

知的障害を抱えた35歳のN君と、62歳の女性の２人が知り合って、２０２３年で6年目になりました。N君の母親は、N君が2歳のときに家を出て、遊び癖がひどかった父親は病気になって戻ってきたものの、彼が20歳の頃に病死。頼みの綱だったおばあさんは、７年前に亡くなりました。そして、ともに明らかな知的障害のある２人が、生活に困窮しきった状態で知り合ったのでした。親族やご近所との縁も薄く、行政に助けを求める術もない２人と知り合ったからには、支援の手を差し伸べるしかないと、私は支援をはじめました。

２人のために、生活保護と障害者年金の受給手続きから、老朽化した家屋の修理、仕事の斡旋、移動手段の中古原付きバイクの購入、職場との連絡手段であるスマホの購入、病気になったときの病院通いまで、家族になったように面倒を見てきました。自立して生活できるまでと思ってかかわってきましたが、金銭管理や健康管理、衛生管理などが自分たちでできないこともあり、支援は今日まで続いています。

毎週１回は研修会と称して、情緒に障害のあるＭ君やその家族とともに、生き方や考え方、生活習慣を学ぶ動画を見るなどして、意識の変化を促す話し合いも続けています。

現在、彼らのように障害を抱えて生きづらさを感じている方、生活に困窮した方、独り身のお年寄りなど、官民を問わない支援を必要とする方々は増える一方です。その一人ひとりが自立できるよう、寄り添って支援するのは容易ではありませんが、成長や改善を願ったかかわりが、確かな成果となって表れることへの喜びは大きなものです。

励まし合い、支え合う、そんなかかわりの輪が社会に広がり．孤立や孤独や生活苦を誰もが克服できる社会を構築していきたいものです。

搾取《さくしゅ》される障害者の実情

搾取される障害者の実情について考えてみたいと思います。

私は、火曜日の夜に開いている障害を持つ青年たちとの研修会を5年以上続けてきました。申請力さえあれば10年以上前から給付されるはずだった障害者年金をもらえるようにしたり（行政の不作為からの救出）、現在の雇用状況を雇用主に確認して不当な扱いをされていないかを、それとなくチェックしたりしています。

毎週火曜日に私の家へ研修に来るN君は、２０２０年の5月までは、私が紹介した土建会社で１日８０００円の賃金をもらっていましたが、太りすぎて夏に熱中症になりやすいため退社。9月から、農業関係の障害者就労支援施設でお世話になっています。賃金は１日１６００円。送迎があり、昼食を２００円でいただけるという利点もあるのですが……。

知的障害はあるものの、能力的には一般就労も可能なはずですが、土建会社を辞めてからは、いくら探してもなかなか雇ってもらえる場所が見つからず、苦労の末、右記の施設にお世話になることになったのです。

この施設の是非はさておき、こうした事業所のなかには、問題のある職場もあるようです。障害者手帳は、福祉サービスを受けたり、就労が不利にならないために交付されているはずです。なぜこうなってしまうのでしょうか。

社会福祉法人が福祉を食いものにしているケースは後を絶ちません。支援者向けに行政から出る補助金は一人につき５０００円、それ以外にも3年間で２４０万円が支給されます。それらが、施設経営者の利益ばかりでなく、障害者の就労・生活改善のために、有効に活用されていてほしいと切に願います。

N君のような境遇の子どもたちは。学校では特別支援教育の対象者として丁寧に指導されても、社会に出ると放り出された状態になっています。障害者雇用促進法では、障害者と健常者との雇用に格差が生じないよう、雇用機会の均等が約束されていますが、障害者就労支援施設では、就労訓練を名目に安い賃金で働かされ続け、希望の見えない生活を続けさせられているケースも散見されます。福祉の名のもとに、慈善事業の体裁で、経営本意の福祉事業が行われているのです。

障害者の人としての尊厳が守られる社会を実現すべきだと思います。

かかわることで人は改善する

私は、障害を持つ青年たちとの研修会を5年以上続けてきました。以下は、２０１９年6月2日に、右の題で、「茨城新聞」の県民の声の欄に投稿した内容です。

川崎市で起きた児童殺傷事件は、社会に衝撃を与えた。たまたま居合わせただけで理不尽な凶行の犠牲になった児童や保護者への哀悼の意は尽きない。考えなければならないのが、このような加害者を出さないコミュニティーづくりだ。私は一昨年前から、知的発達の遅れた青年を支援している。母親は2歳の頃に家を出て、父親は10年前に死亡。頼みの祖母も3年前に亡くなり、生活のすべを失って路頭に迷っていた。近所や親戚からも見放され、孤立した状態だった。見るに見かねて生活保護の受給から仕事探し、金銭管理に至るまで、できる限りの支援をした。青年は少しずつ前向きになり、笑顔も見られるようになった。お節介でも積極的にかかわることで明らかに人は改善する。弱者に寄り添い、自然に支援すれば、事件も減るのではないか。

親からも社会からも見捨てられ、自暴自棄になっている少年少女は少なくありません。家庭不和などが原因で単身となり、経済苦を背負って自らも自暴自棄となり、そのストレスのはけ口で子どもを虐待する親も増えています。そんななか、近所のおじちゃんやおばちゃんに、有形無形の励ましを受け、なんとか育ってきたという話は、昔のようには聞かれなくなりました。しかし、コロナ禍の頃から、親には頼りたくても頼れない子どもも増え、生活困窮者や自殺者は増加の一途をたどっています。

投稿記事の青年も、あれから4年、毎週一度は家に呼んで、励ますことを繰り返すなかで、徐々にですが成長の姿を見せています。心が伝わり、その子が変容していく姿を感じることほど、嬉しいことはありません。

　みんなで、そういう醍醐味を楽しく語り合えるような社会にできないものでしょうか。

犯罪者を減らすうえでも特別支援教育は重要

　刑務所に入る際に受刑者が受ける知能検査で、全体の約２割に知的障害を示す値が見られるそうです。はっきりとした原因や状態がわかりにくい「グレーゾーン」に位置づけられる人を合わせると、全体の約４割の受刑者は通常の値に達していないというのです。

　つまり、本人も周囲も自らの障害に気づかずに、社会の道を踏み外してしまう人がたくさん出ているということです。このほか、不登校、いじめ、ひきこもり、非行などが犯罪歴に関与しているケースが多いともいわれています。

　障害のある子どもがそうなるのではなく、そうなってしまった方のなかに、子ども時代に隠れた障害のあった方が多いという認識が必要なのだと思います。

　犯罪を増やさないためにも、特別支援教育は重要な役割を果たしており、社会に出てからも、一人ひとりを孤立させず、困らせない仕組みや、行政や地域全体の支援体制が重要なのだと思います。

家庭環境に課題を抱えるヤングケアラーなどへの支援

家庭環境に困難な課題を抱える児童生徒は、どこの地域にも少なくありません。特に、コロナ禍では、母親がパートで一人親の生活困窮家庭なども増え、食事にすら事欠く子どもたちも増える一方でした。

また、「ヤングケアラー」への支援も重要な課題です。

「ヤングケアラー」とは、本来なら大人が担うべき家族の介護や看護、家事や身の回りの世話などを行っている18歳未満の子どもの総称です。両親が死亡あるいは離散して祖父母が保護者とつながっている児童生徒や、祖父母や両親の誰かが病気で、ふだんから家族の介護に当たらなければならない児童生徒が増えているのです。

このようなヤングケアラーの子どもたちは、家族のケアをする自身の状況を家族の一人として〝当たり前〟と思っている場合も多いようです。また、誰かに相談しようとしても、誰に相談していいのかわからず、家庭内のことを知られるのが恥ずかしいと感じて一人で抱え込んでしまうケースも見られ、問題が表面化しにくい現実があります。

子どもの頃、ヤングケアラーだった方の話だと、早朝から夜まで働く母親の代わりに、毎朝、小学校登校前に、妹を保育園に送り、学校が終わったら保育園のお迎え、そして帰宅後は夕食の支度など、小学生の頃から家族の世話をしてきたそうです。高校卒業後も、大学に進学したかったのに、家族を支えるために就職する選択肢しかなかったそうです。

現在でもこのように、当たり前のように家族の世話をしている児童・生徒が存在しています。そんな児童・生徒に対し、行政はなんらかの支援をするべきではないでしょうか。

各市の教育長さんは、全教職員に対し「ヤングケアラー」の概念を浸透させ、学校ごとの実態を把握するべきだと思います。「家庭」のなかに隠れている問題をいち早く見つけ、「社会」の問題として支援するのは非常に重要なことです。

文部科学省は厚生労働省と連携して、この問題を各自治体や教育委員会に周知し、自治体ごとの対応に格差が生じないよう、洗い出しと対応の徹底を図っていただくべきです。

ヤングケアラーだけでなく、広く家族介護を支援する体制も、今後の重要な課題だと思います。困難を抱えた弱者に優しい政治や地域社会のあり方を、みんなで考え、知恵を出し合う必要があると思います。

弱者の人権こそ尊重されるべき

日本では、権力者や金持ちが優遇され、忖度されています。その反面、障害者や一人親家庭、独居老人などの弱者が置き去りにされ、コロナ禍でますます困窮と苦難を強いられてきました。

権力者や金持ちはもちろんですが、自分の生活を維持していくうえで、多少の余裕ができ、体力もあり自由が効くようになった私たちは、自分の身近にいるそれらの方々が人として不安なく生きる権利を行使できるよう、声かけをしたり、できることから支援の手を差し伸べていくべきではないでしょうか。

権力者は弱者に目を向け、ある程度余裕のある庶民は、周囲の障害者や弱者にも目を向け、「有形無形のかかわりと支援を行う」のが当たり前の社会にしていきたいものです。

2021年9月、行政の支援体制に疑問を抱かざるをえない出来事がありました。

ご主人の病と暴力に悩んだ末に離婚され、生活に困窮したYさんという女性の相談を受け、私も鹿嶋市の役場に、離婚前からご主人や本人を支援してきた男性とともに同行しました。一人で行くと、あしらうような扱いをされ、自分の困窮した立場を理解してもらえないので同行してもらえないですか、と言うのです。

本人と担当者とのやりとりを後ろから聞いていると、アポを取って訪問したにもかかわらず、その担当者は昨日まで休んでいて仕事が溜まっているとのことで、指示した書類が準備できていないなら改めて来ていただきたいと、まさにあしらうような対応でした。

そこで、私が後ろから担当者に、「それは、おかしいんじゃないですか。アポを取って来たのに、立ち話で終わりですか。きちんと話を聞いていただくべきじゃないですか」と口を出しました。すると、仕方なさそうな態度で、女性の担当者にも声をかけ、パーテーションを隔てて３人対２人での話し合いになったのです。

生活保護か就労支援が適用されるかどうかですが、Ｙさんは障害者３級に認定され生活費も底をついた状況なのだから、現状で対応できることを素早く手を打っていただきたいと、私からも強く要望したところ、Ｙさんの体の状態なりにできる仕事が見つかるまで、就労前の支援金が給付される制度を活用してもらえることになったのです。

１ヶ月、６万数千円ですが、できる仕事が見つかり、続けられることがわかって生活が安定する３ヶ月までの期間は、支援が受けられることがわかり、その日のうちに必要な書類を揃えて、申請することになりました。実際には、さほど困窮していないのに、不正に生活保護などの給付申請をするような方もおり、行政が慎重になることもわからないではありませんが、最初から疑ってかかるような態度で、本当に困っているＹさんのような方が救われないのでは、本末転倒だと思います。

行政の担当者は、相談者の話をよく聞いて、その困窮状態をよく見極めながら、最善の支援を素早く行っていただきたいと、強く思った次第です。

研修会で青年たちと交流

毎週火曜日に障害を持つＮ君とＭ君を中心に行っている研修会に、地域の友人の皆さんにも参加していただきました。近況や体験を語り合ううちに、Ｎ君とＭ君の表情にも、笑顔や希望が湧いてくるのがわかります。心の交流や対話は、勇気と希望の源泉となり、困難を乗り越える力になるのです。

　こうした交流の場を増やし、孤立して自暴自棄になるような方がいなくなる社会にしていけないものかと思います。

　また、その後の研修会でＭ君は、職場での人間関係がうまくいかないので自信を持って人とかかわれる自分になりたい、との思いを吐露してくれました。

　Ｎ君は、体重が１２０kgもあり、夏になって熱中症になりやすくなったので、週４日の勤務を１日減らしたいと言い出しました。その思いにも理解を示したうえで、熱中症対策の工夫をすることで、今の就労施設での仕事量を維持できないか工夫してみてはどうか、といくつかの提案をすると、挑戦してみたいとの前向きな姿勢を示してくれました。

　誰でも自己変革すべき課題を抱えているので、お互いに自分を律する生活習慣を大切にしながら頑張っていこうと２人を励まし、その日の研修のまとめにしました。

柔道部の教え子宅を訪問して

　２０２２年５月９日、20年ぶりに茨城県神栖市立神栖四中柔道部の教え子だったＫ君宅とＳ

君宅を訪問しました。K君は45歳、小児麻痺の障害で思うように歩けず、障害年金を受給しながら、10年前に亡くなったお父さんが彼のために残してくれた焼き鳥屋を、78歳になり体も弱ってきたお母さんと、週末の３日間だけ夕方から営んでいるそうです。

そのほか、ゴミ集積所の分別作業会社にも週３回勤めていますが、障害者雇用枠を利用した、税金逃れと補助金申請のための雇用であり、問題があって「社長、俺辞めるよ」と言うと、「それは困るから続けてくれ」と、泣き落としされるそうです。

障害者就労支援を名目に、彼らを食いものにするような業態の施設が多いことを本人も知っており、問題視していました。

ところで、彼が柔道部に入ることを希望したのは、柔道に励むことで、自分の障害を少しでも克服できればと考えたからでした。肢体不自由の障害は重く、小学生の頃からいじめにあうことも多かったこともあり、いじめられない強さを持ちたいという思いもあったようです。当時、柔道は競技人口が多く、どこの学校にも柔道部があるなか、同学年のほかの６人は県東地区大会で団体優勝し、県大会でも3位になる活躍をしました。

その彼らも、私がK君を区別なく強くしようと工夫しながら指導する姿を見て、彼を助ける行動をしてくれるようになり、K君のお陰で、私が目指した強さと優しさを併せ持った生徒たちに成長してくれたようです。現在も、入れ替わり週末の焼き鳥屋に来てくれるようで、彼らが今も変わらずに友情を育んでいる話を聞いて、とても感動しました。

S君宅では、お父さんとお母さんが出迎えてくれ、久しぶりの私の訪問を喜んでくれました。問題行動の多かったS君でしたが、今は46歳、鳶職として真面目に働くようになったとご両親も喜んでいました。あの頃、いろいろと問題行動を起こしても、見捨てず熱心に指導してくれた先生のお陰だと言っていただき感激しました。

今後も、教え子たちやその保護者の皆さんとの絆は、大切にしていきたいと思います。

生活保護者家庭を毎月訪問している市長さんの話

岡山県笠岡市小林市長の、以下のフェイスブックへの投稿に感銘しました。誰も置き去りにしない、という信念を貫いている市長さんの姿勢と行動に心から拍手を送りたいと思います。権威と権力にあぐらをかき、忖度される気持ちよさに酔っているような市長さんも多いなかですが、本気で弱者に寄り添う姿勢と行動を貫く市長さんのもとでなら、市の職員や市民も、その姿勢に学び、弱者や孤立した市民にも優しい市政が実現すると思います。

> 毎月一度の生活保護受給世帯の臨戸訪問の日は、担当職員が事前にアポを取ってくれたうえで、ご自宅を訪問させていただきますが、なかには少し神経質になられる方もお

られます。訪問すると、いきなり「なんの用事ですか？」と質問されます。そんなとき、私はいつも「笠岡市内で保護費を受給しながら生活されるうえで、なにかご不便はないか？」「我々がなにか改善することはないか？」知りたいんです、と説明することにしています。

　すると少し表情が和らぎ、「保護費が少なすぎる」とか「住宅家賃の負担補助額を上げてもらいたい」「クルマを持てないので、病院通いが不便」など、いろいろ生活上の課題を教えてもらえます。もちろん「助かっています」「十分生活できています」「ありがたいです」といってくださる方もおられますが、そういった方は比較的に少ないです。

　そのうえで、定年退職年齢はすぎてもまだまだお元気な方には、散歩でも買いものでもいいですから、まずは定期的に外出するよう、また一日中誰とも話しをしない、１人ぼっちにならないよう、友たちや話し相手を見つけるよう、何度もお願いをします。笠岡市内で生まれた、あるいは縁があって笠岡に来られたわけですから、笠岡での生活を楽しんでいただきたいと思っています。生活保護費受給世帯の方々は他人とコミュニケーションを取るのが苦手な方が多く、孤立している、阻害感を持っている方が多いです。実際若い頃に会社の同僚や親戚とぶつかり、ケンカしたり、口論したりが続くと、そのうち誰も相手にしてくれなくなった経験を持っている方が多くおられます。

そんな場合には私は農業に挑戦してみることを勧めます。野菜や果物の栽培では、あまり人つき合いは要りません。野菜や果物は手をかければかけただけ応えてくれます。大自然のなかで、野菜や果物の日々の成長を楽しみながら、収穫した野菜や果物を食べて、元気になってもらいたい、と心から思うからです。市内には幾つも農業法人が設立され、大規模農業を展開しており、丁寧な指導もしてくれます。今日も、自宅に閉じこもり気味な受給者にそういった話をしていたところ、受給者から「農業もええな」との反応してくれました。私は「今度パンフレットを持ってきます」とお伝えしました。私はいつもなにがよいきっかけになるかわからない。なんにでも挑戦してみて、皆さんが社会に一歩踏み出すチャンスを模索したい、と思っています。私は笠岡市が「誰１人取り残さない」「みんな社会の一員として、なにかで役に立ちたいはず」との考えの下、我らは共に笠岡市民として、助け合い、協力し合い、声をかけ合って、この小さな町〝笠岡〟を盛り上げていきたいと願っています。

この小林市長さんのお話のなかには、弱者への限りない愛情と気づかいが感じられます。本気で困難を抱え孤立した高齢者や生活保護対象者の生活や健康を気づかい、毎月対象者の訪問を繰り返しているという行動は、パフォーマンスでは続かないでしょう。本当に素晴らしいことだと思います。こんな市長さんが増えてほしいものです。

時間は未来から過去に流れる

２０２２年1月25日の火曜研修会には、N君とM君、M君の兄とお母さんも参加してくれました。そこで、ビデオの体験を聞いてから話題にしたのは、時間は過去から未来に流れるのではなく、未来から過去に流れるということがわかると、なりたい自分になれるということです。自分自身と近い未来についての約束をし、その約束を毎回必ず守ることができたなら、あなたは自分自身を信じられるようになります。自分への信頼度が高まることで、自己肯定感も高まっていきます。

小さなゴールを自ら設定し、絶対に達成するという習慣がつけば、なりたい自分に近づき、「時間は未来から過去へと流れている」ということが理解できれば、ゴール設定の重要性にも気がつけるはずです。

そして、ゴール設定の重要性が腹落ちすれば、なりたい自分の姿・実現したい未来というゴールを設定できます。ゴール設定ができたら、「そのゴールに近づくための小さな一歩を踏み出す」と自分で自分と約束をするのです。具体的に「小さな一歩＝行動」を決め、必ずやると自分自身と約束をし、自分自身との約束を必ず守り、毎日、それを繰り返す。

このサイクルが回っているということは、「未来の自分によって今の自分が決まっている」という事実が積み重なっているということであり、「自分自身との約束を守っている」という事実が積み重なっているということになります。

これが、「小さなゴールを自ら設定し絶対に達成する」ことに潜む、大きな力になるということです。皆さんと語り合い、とても有意義で充実した研修会になりました。

長崎の被爆体験を聞いて

2022年2月8日の火曜研修会で視聴したのは、小学校4年のとき長崎で被爆した方とその娘さんの体験談でした。爆心地から数キロの自宅で被災し、倒壊した家から這い出して助かったそうですが、幼い妹は数日で亡くなり、お母さまも6年あとに原爆症で亡くなられたそうです。長崎女性平和委員会で活動する中学校で教鞭をとる娘さんは、核兵器なき未来のために、平和を求める活動を続けているとのお話でした。

参加したN君とM君兄弟は、それぞれ知的障害と情緒障害を抱えていますが、その分だけ感性や感情が豊かで、とても感動してくれたようです。

不自由なく生きていられることは当たり前だと思っていたが（実際には彼らも不自由なことが多いはずですが）、平和に生きていられることは、当たり前ではないことがわかったなどの感想があり、とても有意義な研修会になりました。障害を克服しながら、純粋に生きる青年たちを徹して励ます活動を続けていこうとの決意を新たにしました。

障害を克服し、習慣が変わることの難しさ

２０２２年3月1日火曜日の研修会の前にＮ君の最近の生活の様子を知るため、1ヶ月ぶりにＮ君宅を訪れてみました。昼は障害者就労支援施設に仕事に行って、在宅していないことはわかっていましたが、同じく知的障害があり、一緒に住んでいるおばさんのことも気になったからです。

Ｎ君の部屋は、秋に私が一緒に洗濯して以来、枕も布団も敷きっぱなしで、同居する女性の部屋以外は掃除もほとんどできていませんでした。知能や情緒と生活環境には、密接な相関関係があります。

Ｍ君兄弟も一戸建てのアパートに住んでいますが、たまにＴＶで取りあげられるゴミ屋敷同様で、よくこんな環境で生活できるものだと思ってしまいます。

この日の研修会では、環境を整理整頓することが、意識や心の変化や改善にもつながることに気づけるよう学ばせたいと思いました。意識改革には、まだまだ時間がかかるようですが、意識が変われば、生活の変化につながることは間違いないはずです。

彼らの意識や生活の変化と改善のために、諦めずに支援を続けていきたいと思います。

N君の部屋に冷風扇を設置

体重120キロで、熱中症にもなりやすいN君ですが、昨年までは、竹藪と林に囲まれ、涼しい環境なので、エアコンも扇風機もなしで生活できていました。

今年は、「暑さが酷いので、体がもたない気がする」と、本人からの相談もあり、一緒に佐原のドンキに行って、冷風扇を購入し、取り付けることができました。これなら、大分涼しいので、大丈夫だと思うとのことでした。

いつも、こちらから、催促しないと言えない感謝の言葉でしたが、今回は自分から、「ありがとうございました」と、はっきりと言えたことに、大きな成長を感じました。また、猫の子が4匹も生まれていたのが、気になりますが、自分は母親に捨てられながらも、動物には優しいN君なので、かわいがりながら大切に育てていくことでしょう。

さまざまな障害と、学習遅滞とが区別されずに扱われている教育現場

「知的障害」や「発達障害」という言葉が世のなかに浸透し、それらに属するとされる特別支援学級に在籍する児童生徒が、最近は激増の一途をたどっています。沖縄県では、最近の10年で対象児童生徒が6・5倍に達したことが、県議会で問題になったそうですが、これは沖縄だけの問題ではなく、全国的な傾向です。

そんななか、知的障害や発達障害とも認定されないものの、学習に困難を抱える「グレーゾーン」の状態にいる子どもたちの存在があります。

障害者理解のためには、重要な視点だと思います。しかし、これ以上に大きく増えているのが、幼少期に本来育つはずの知的興味や感心を引き出すかかわりがされずに、勉強嫌いになってしまう、いわゆる学習遅滞に属する子どもたちの存在です。

家族や幼児教育施設のかかわり方一つで、幼児の学習意欲には、格段の差が表れます。

小学校1年生で起こる「小1プロブレム」には、彼らが育つ過程でかかわる人的環境が大きく影響しているのです。認知機能の弱さから学習に困難を抱える子どもたちの存在も指摘されていますが、その前にかかわり方や遊び方次第で、いくらでも高めてもらえたはずだった認知機能や学習への興味感心を高めてもらえないまま、小学校に上がる子どもたちの存在が見すごされているのです。

認知機能は、学習の土台のようなもので、運動にたとえると、基礎体力に相当します。鉄棒や跳び箱ができるようになるためには、そのテクニックだけでなく、筋力、持久力、敏捷性、柔軟性、集中力などといった基礎体力が必要になります。これは、学習でも同じことで、各教科を学ぶには、学習の土台となる認知機能（しっかり見る、聞く、覚える、想像する力など）の力が必要になってくるのです。

そして、認知機能が弱いと、「漢字が覚えられない」「黒板の文字が写せない」「繰り上がり計算ができない」「話を集中して聞けない」「不注意なことが多い」といった学習上の苦手感や困難さにもつながっていくのです。これらは、生来その機能に問題があってなかなか学習が成り立たない子もいますが。

漢字や図形などを正確に写すことができないと、自分の頭で記憶することはより一層困難になり、そのあとの学習にも支障をきたしてしまうのです。

さらなる問題は、認知機能が弱い状態の子は、はたから見ると、〝やる気がない〟〝怠けている〟と受け取られやすい点があります。結果、学校や家庭で、その認知機能の弱さになかなか気づいてもらえないまま、成長してしまうのです。

それに合ったトレーニングをしっかりと続ければ、認知機能を改善することは可能なのです。

学習の土台の弱さを疑ったら、どの認知機能が弱いかを把握し、どうトレーニングすべきかを知ることが重要です。

学びにつながる構成された遊びのなかで、認知機能は磨かれ鍛えられて、学習の土台は形成されます。それらの指導には、幼児の発達課題への理解と、かかわり方の習熟が必要不可欠です。その土台となる研修計画と研修体制が整っているか否かが重要なのです。

現状の一般的な傾向としては、残念ながら、私営の幼児教育施設では、それらの研修体制が不十分な施設が多いのが実態です。なぜなら、私立学校法では、指導内容は、経営者の理念に任され、指導内容の実態への行政や教育委員会のチェック機能が働いていないからです。

これらは、文科省の教育委員会への指導体制などによって、改善できるはずなのです。子どもたちの健全な発達と成長のために、1人の教諭や保育士の担当する園児は20人以下とし、指導の質を教育委員会が指導管理するなどの手立てが適切に行われれば必ず改善できる問題だと思います。

岸田首相襲撃事件に思う

2023年4月15日、また、社会を震撼させる社会的孤立者による事件が発生しました。

松野博一官房長官は17日午前の会見で、岸田文雄首相が訪れた演説会場で起きた爆発事件に関連し、ローンオフェンダー（単独の攻撃者）による要人を標的とした違法行為の発生に懸念を示し、警戒警備に万全を期すため関係機関で対応していくと語った。
松野官房長官は「いわゆるローンオフェンダーによる国内外の要人や関係施設を標的とした違法行為の発生は懸念されるところだ」と指摘した。その上で「違法行為の発生を防ぐため、政府として情報収集活動を強化するとともに警戒警備に万全を期すべく関係機関が一丸となって対応していく」と語った。（2023年4月17日「ロイター」）

この問題を事件発生時の警護態勢の強化などの対症療法だけで片づけてよいのでしょうか。容疑者は、中学校でいじめにあってから、孤立して被害者意識を持つようになったようです。私は、小学校長を退職した頃から、地域で孤立し犯罪を犯しかねないような知的障害者や情緒障害者と、毎週火曜夜の食事会や集会を続けております。彼らは地域や親戚、同学年の友人などの人間関係が乏しく、驚くほどに孤立しているのです。知的に高いレベルにある若者も、ひきこもりがひどくなって、人とのかかわりを持てずに社会との接点を見失い、自暴自棄の行動に走るケースも見受けられます。

安倍首相を暗殺した山上容疑者の凶行が、統一教会問題を暴くきっかけになったことで、ヒーロー扱いされたことも、今回の事件の引き金になったのかもしれません。

いずれにせよ、地域や社会の身近にいる孤立した若者に、ご近所や地域の住民同士など周囲の人々が気づかってあげたり、声をかけてくれたりする健全なコミュニティ文化が維持されていたなら、こんな事件は回避できたのではないでしょうか。「得にならないことや、よけいなことにはかかわらない」という価値観や文化が蔓延し、温かみのない社会になってしまったことが、事件の根底にあると思います。

やはり、原点は教育にあると思うのです。皆さん、いかがお考えでしょうか？

おわりに

本書は、小中学校36年間の教員生活と、退職後1年半務めた公立幼稚園園長としての経験を通して、現場からの教育改革運動の必要性を痛感し、行動してきたことをフェイスブックに発信し続けてきたことをまとめたものです。

5年前には、地域の保護者や教員の皆さまに呼びかけ、「潮来市の教育を考える会」を立ち上げ、公立幼稚園の存続を求める署名活動を行ったり、小中学校の統合反対運動を行ったりするなど、市議会に働きかける活動を起こしました。その結果、公立幼稚園の存続は適わなかったものの、小中学校の統合問題では、小学校統合計画の延期と中学校4校を1校に統合する案の撤回を勝ち取ることができました。それは、私たちの活動の成果ではなく、会のメンバーでもある前市議会議員が、統合阻止を掲げて市長選に立候補したため、争点になることを恐れた現市長が統合案を見直す姿勢を示した結果でした。

このように、教育現場の改革にかかわる問題は、権力維持のための道具のように扱われ、国政においても、目先の得票につながりづらい教員不足や志願者減少などの教育現場の改革にかかわる問題は、教育現場がこんなに困窮した状態にありながら、よほど世論が沸騰しない限り、政治の俎上《そじょう》にすら取り上げてもらえないのが実状です。そこで、会の名称を「教育の明日を考える会」と改め、世論に働きかける運動を起こしたのです。

私が現職の教員や教頭・校長のとき、順風のときも逆風のときも常に原点としてきた言葉は「子どもにとって最大の教育環境は教師自身である」でありました。しかし、子どもにとって最大の教育環境であるべき教師自身が、自分自身を肉体的にも精神的にもコントロールしきれないほどに、学校現場は危機的状況に瀕しているのです。

まずは、すべての子どもたちの育ちと学びの場を、一人ひとりに寄り添い、豊かな人間形成と学ぶ意欲を喚起できる場にするために、世界一忙しい日本の教師の負担を軽減するための働き方改革を実現することが急務なのではないでしょうか。

今、日本の社会や世界で起こっている解決困難と思われるさまざまな問題や現象は、これまでの日本と世界の教育による結果であり、その原因である教育のあり方を根底から見直していくことによってしか、変革することができない問題であることは確かなのですから。

最後に編集の労をお取りいただいた幻冬舎ルネッサンスの竹内友恵さん、黒沢円さんに心から感謝を申し上げ、まとめとさせていただきます。

２０２３年９月

「教育の明日を考える会」代表　宮内藤夫

著者紹介

宮内藤夫（みやうち ふじお）

「教育の明日を考える会」主宰。創価大学教育学部、一期生として児童教育学科卒業。茨城県で公立の小中学校校長・公立幼稚園園長を歴任。地方の実情に応じた教育や、教育の機会均等を実現するために、茨城県を中心に活動中。教育格差をなくし、よりよい教育のあり方を考え続けている。

幻冬舎ルネッサンス新書　263

「子《こ》どもの幸福《こうふく》のための教育《きょういく》」を求《もと》めて

2023年9月29日　第1刷発行

著者　宮内藤夫
発行人　久保田貴幸

発行元　株式会社 幻冬舎メディアコンサルティング
〒151-0051　東京都渋谷区千駄ヶ谷4-9-7
電話03-5411-6440（編集）

発売元　株式会社 幻冬舎
〒151-0051　東京都渋谷区千駄ヶ谷4-9-7
電話03-5411-6222（営業）

ブックデザイン　田島照久
印刷・製本　中央精版印刷株式会社

ISBN978-4-344-94636-1　C0295
幻冬舎メディアコンサルティングＨＰ
https://www.gentosha-mc.com/